U0559975

CHEN BULEI

陈布雷回忆录

陈布雷　著

团结出版社

© 团结出版社，2015 年

图书在版编目（ＣＩＰ）数据

陈布雷回忆录 / 陈布雷著 . —北京：团结出版社，
2016.1（2024.12 重印）
ISBN 978-7-5126-3449-7

Ⅰ.①陈… Ⅱ.①陈… Ⅲ.①陈布雷（1890～1948）
－回忆录 Ⅳ.① K827=6

中国版本图书馆 CIP 数据核字 (2015) 第 056371 号

责任编辑：陈　婧
封面设计：阳洪燕

出　　版：团结出版社
　　　　　（北京市东城区东皇城根南街 84 号　邮编：100006）
电　　话：（010）65228880　65244790（出版社）
　　　　　（010）65238766　85113874　65133603（发行部）
　　　　　（010）65133603（邮购）
网　　址：http://www.tjpress.com
E-mail：zb65244790@vip.163.com
　　　　　tjcbsfxb@163.com（发行部邮购）
经　　销：全国新华书店
印　　装：三河市东方印刷有限公司

开　　本：170mm×240mm　　　16 开
印　　张：13.25　　　　　　　　字　　数：142 千字
版　　次：2016 年 1 月　第 1 版　　印　　次：2024 年 12 月　第 5 次印刷

书　　号：978-7-5126-3449-7
定　　价：39.00 元
　　　　（版权所属，盗版必究）

陈布雷像

自　序

　　余于民国二十五年夏，在庐山追纪少年旧事，为《回忆录》一册，所纪皆个人经历，并及家庭事，至民国十年余三十二岁时为止，今忽忽且五年矣。诸儿女属请续纪三十三岁以后事，而公务殷繁，卒鲜略晷，未遑执笔也。今年六月，养疴于老鹰岩，事简多暇，乃就所记忆者分年追述之，至二十八年终为止，为《回忆录》第二册。余五十岁以前之事迹，略具于斯，然时日久远，追忆为难，或有年月舛讹之处，尚待异日补正耳。二十九年六月二十二日。畏垒识。

目　　录

自序

清光绪十六年庚寅（一八九〇）　一岁

十一月十五日亥时生。

陈布雷木刻像，系 1940 年其九妹陈玲娟所刻

光绪十七年辛卯 （一八九一） 二岁

正月，嗣母应孺人逝世。

陈布雷合家照

光绪十八年壬辰（一八九二）　三岁

六月，三弟训懋（字勉甫）生。是年夏大水。

陈布雷与弟妹合影

光绪十九年癸巳（一八九三）　四岁

九月，五妹生。

夏患痰厥，昏迷不省事者半日，女佣方氏调护甚至，及长犹仿佛忆之。

光绪二十年甲午（一八九四）　五岁

先考授余识方块字，至年终每日能识三十字。是年大侄孟扶生，余据短几，吃糖面，乐甚。

陈布雷公馆

［位于南京市江苏路 15 号（原湖南路 508 号）］

光绪二十一年乙未（一八九五） 六岁

正月，随伯母至祝家渡，奉父命拜袁莘畊先生为从业师。

从大哥读书，诵《毛诗》。

大哥是年家居读书，以老屋西之仓屋为书室，即所谓新屋者是也。先父命余从之读，同学者袁耕先表兄，伯母之姨甥也。每晨挟书包入学，午后四五时退，书室之前楹悬治家格言，以是为先师孔子之位，出入必行礼焉。大哥抚爱备至，从学一年，未赏责扑，即呵斥亦不加。

六月，六妹生。

是年初冬，从母居外家旬日，挟《毛诗》自随，每日请大舅父授新书一章。

光绪二十二年丙申（一八九六） 七岁

是年，以大哥不常家居，先考亲授予读，诵《毛诗》及《尔雅》。

苦《尔雅》难读，请于先考，愿易他书，先考命之曰："此书非幼时先读不可，汝长自知之。"先考承先大父遗志，经纪里中自治公益教育慈善诸事，族中长老，常过予家，即就书室与先考谈，先考必命辍读侍坐，且教以进退应对之仪。

光绪二十三年丁酉（一八九七）　八岁

从族父小坨先生读，读《礼记》。

是年，先考延族父小坨先生馆予家，以祖堂东屋楼下为书室，同学者族兄和龄（小坨先生子）、余麟诸人，三弟亦于是年上学。

八月，七妹生。

斯时，余家兄弟姊妹六七人，居室逼仄，人口众多，且须具馆师膳，皆先母躬亲料理之，乳媪二人以外，仅灶下婢一人，以是先母体日衰。顾于予等督教备至，夜辍读归，先母坐灯下治缝纫，必命余旁坐读书。先伯母则每夕过余家，与先母谈家常。伯母嗜水烟，每至，余姊及余兄弟奉茶烟甚勤，伯母抚爱甚至，一室融融，必至戌初始归寝，所常坐起者，即为祖堂西之一室。

光绪二十四年戊戌（一八九八）　　九岁

从徐二沆（尔康）先生读。同学者三姊、四姊及三弟，书室移设于东楼上，楼下则吾父居之。徐先生为吾邑南乡人（其所居曰官路沿），与先考为同学，以小坨伯父老病，先考乃延徐先生课予等读。先生深目高颧，好深思，习医术，督课极严。

是年春，读《礼记》卒业，继读《春秋左氏传》，傍晚读《唐诗》，日课一首。

其时维新变法之议甚盛，先考及大哥均以为八股必废，故不欲予先习四子书，而以五经立识字为文之根基。是年，清廷果下诏废八股，改以策论课士，旋复诏复其旧，大哥以为八股之运命必不久，且本为高明者所不屑为，何必以是苦童子，先考深韪其言，徐先生初不信，大哥力陈其理，亦释然。

光绪二十五年己亥（一八九九）　十岁

　　仍从徐先生读。本年三姊辍学，魏梦麟表弟来附读，大侄孟扶亦同学焉。

　　三月，《春秋左氏传》卒业，接读《书经》，始习算，傍晚则记诵《龙文鞭影故事》一二则。

　　自去年起，先考常于课余为讲述《廿一史约编》，本年徐先生授余《廿四史弹词》。

　　余是时颇有意练习作文，先考及兄不之许，谓此时且先读书耳。春间闻人言，叶经伯（念经）先生有子名虎儿，长余数月，为论说文已成篇，益羡慕不能已。坚请于父师，始命学作史论，然笔墨思路均拙滞。四月，大哥阅余课文，乃以《增广古今人物论》一册授余，教以议论文作法，自是始稍有进步。是年秋，冯君木先生来余家访大哥，先生年少有文名，丁酉以拔萃授教谕，余是时已知拔贡荣于乡荐，私念使余得为冯先生，岂非人生快事乎？

　　九月，订婚于杨氏，作伐者叔舅杨石蚕先生，大哥在綵露祠结社读书之诗友也。

　　余七八岁以后，性行顽劣，体既弱，乃好戏侮弟妹，先母常叱责之，余屡改而屡犯，母氏尝流涕责戒，谓尔天姿虽佳，如此志行薄弱，父母均将失望矣。自此益思在学问上努力，以博母氏欢心。三弟性厚重沉着，故母氏益爱之，余虽羡三弟，然未尝妒之，但自憾意志薄弱耳。

　　十二月，八妹生。是日岁除，悬像祀祖，母氏料量祀事，薄暮始休息，未几八妹生，吾母之劬劳可想矣。

光绪二十六年庚子（一九〇〇）　十一岁

仍从徐先生读。四姊亦辍学，其他同学如旧。

诵《书经》已卒业，接读《周易》。先考以《书经》、《易经》均艰深不易读，恐易窒性灵，商于徐先生，每三日命余诵《昭明文选》一篇，必能背诵始已。

是年读《舆地歌括》，自是对天文地理略有基础知识。

徐先生自去年起从大哥习算，应求志书院月课，往往获隽，对数学大感兴趣，课余习算甚勤。夏习完四法，接授代数。童稚之年，对算理不能领悟，依题练习而已。是年起有夜课，必至十时后始辍读，放学时大侄最先，梦弟、三弟次之，余最后。以作课时间太长，常患头痛发热，又不敢直告先生，即请假亦无效，退又不敢告母氏，因母氏须照管一弟四妹，未可再劳，每病作，悄悄登床自睡，明晨热亦自退，又上学如常。

是年，有拳匪之乱，每闻大哥归家与先考谈时事，始知中国国势之大概，亦常自大哥处得阅时务报等刊物，虽在可解不可解之间，顾独喜阅之。

冬月某日，大哥嘱大嫂治食，邀余往食汤团，食毕，课予以英文字母，盖大哥望余成学之切有如此者。

光绪二十七年辛丑（一九〇一） 十二岁

仍从徐先生读。同学者仍如旧。

习《易经》既毕，温读已习诸经，并授《公羊传》《谷梁传》，每旬日课文三篇，以三六九为课期。是年，习代数一次方程毕，徐先生望余心切，乃继授以几何，用《形学备旨》为课本，教以三角形、圆形诸原理，余毫无基础，茫然不解，而徐先生不察，以为惰也。某日为族父懿炳伯寿辰，会宾朋于其家，徐先生以三角形内容圆之一题，命余解答，余实不能答，至薄暮未缴卷，徐先生禁闭之，谓不答即不能出书室一步，而自己则易鲜衣往吃寿酒去矣。余悲愤失望，益无心习算，赖邻人缓颊始已。此事先父亦不谓然，旧时塾师之不明儿童心理往往如此，余后来习数学不落人后，固赖徐先生之教，而对形学格格不入，亦徐先生为之也。

是年五月，四弟训慈生。先母连生四女，至是又得一男，阖家欢喜。

冬日，徐先生以病请假，大哥来代课，时大哥已习日文，方游日考察农业归，每日挟《养鸡全书》一厚册，且课读且翻译焉。大哥命余学作诗，秋日成《苦雨》一绝："游子浮云梦不成，挑灯独坐夜凄清。明朝欲向横塘路，大雨潇潇久未晴。"

光绪二十八年壬寅（一九〇二）　十三岁

　　与三弟出就外傅于三七市董氏。时三弟仅十一岁，邻人以为太稚，不宜离家。吾母望余等成学，不顾也。是时，吾乡董、叶二氏为提倡新学之中心地点，叶经伯先生及董子咸、子宜二先生均轻赀财、好宾客，吾邑有志改革之士，如陈山鉴、钱去矜、魏仲车、钱君飔、胡君海诸先生与大哥等，常常会其家。今年叶氏设日文讲习所，延日人山森等主讲，董氏则聘姚鲁彦先生设馆授子弟以英、算，故余父母命余兄弟往董氏就学焉。

　　正月，至董宅就傅，董蔼堂（佐宸）先生授中文，习《四子书》（即《四书》），阅《纲鉴辑览》，均上午课之。姚鲁彦先生授英文及笔算，均下午课之。同学者董佑钦及弟二人董君夷、君执昆弟，又董凤西先生之子尤青，及余兄弟等共八九人，董君贞柯亦奉母命来学英文，余与贞柯缔交自此始。是年与董氏群从相识，觉友朋之可乐，获交季劭、少相昆季，皆性情笃厚能自爱，季劭与余善，少相与三弟极相得，过从几无虚夕，季劭兄弟扼于其兄，不获同习英、算，甚惜之。

　　八月，大哥举于乡。十一月，二姊归叶表兄德之。其时大哥提倡新学，以自然科学之研究相倡导，又同情于颠覆满清之革命思想，既中举，友人群以相谑。大哥于二姊于归时张筵会宾客，揭一帖子于书室曰："问新贵人以何为目的？处旧世界也算有面光"。盖已有文字通俗化之趋向矣。

　　冬尽，自董氏归家度岁，阅作新社刊行之《万国历史》及《世界地理》，常为两姊及弟妹讲述之。

光绪二十九年癸卯（一九〇三）　十四岁

　　仍与三弟就董氏读。从蔼堂先生习中文，姚鲁彦先生习英文、数学，关于史地及理化常识，则鲁彦先生时时指导余等自学。夏，鲁彦先生以事离馆，何旋卿（其拒）先生代之。是年春，习四子书毕，董先生命余就所习之群经及汉魏文温习之，并命读唐宋文，且习作四书、五经义等。以董先生体弱，所作文有时封寄大哥改削之，顾大哥亦事繁，故余此一年于作文方面进步最少，且年渐长大，虽有严师，而无畏友以相砥砺，致为学不能专一有序，唯鲁彦师则常于课后招至其室，训迪鼓励无所不至，稍得自免于荒嬉。

　　是时子咸、子宜、去矜、经伯诸先生及大哥等经营出版事业于沪上，输入新书及报纸杂志甚多，董氏斋中堆积盈架，暇辄往取读，尤喜阅《新民丛报》《新小说》《警钟报》《浙江潮》（1901年由蒋百里组织旅日留学生同乡会创办）等杂志，有时于夜课向子咸先生借读，翌日午前尽一卷而归之。子咸先生常戒予为学不可太贪，贪则伤身损智，余为求知欲所驱使，泛滥涉猎，有如饕餮，不能从其教也。

　　少时喜模仿，不解所以而好为趋时之举。此一年余有幼稚之举三：（一）与贞柯、君夷及三弟组覆满同志社，辟一密室，请画师绘一墨笔黄帝像悬室中，相率礼拜之，且习为革命之演说，一也。（二）以俄国革命有女杰苏菲亚，谓吾邑亦当有一苏菲亚，乃竭力教董氏表妹名椿仙者以文字，怂恿其父幼佩姑丈令其读书于上海爱国女学校，鲁彦先生等竟从而助之，卒底于成，二也。（三）威博之父冯三（德成）先生来董氏，余以一童子与谈种族革命之大义，冯三先生以其幼稚可笑，故作不解以叩其竟，且时时反驳之，谓尔虽有此志，汝父且欲汝入清朝试场则奈何？岂有革命家而学作制举文字者乎？大窘无以应，遂不为四书、五经义者一月，经父师督责始复为之，此又一极可笑之事也。

冬十月，父命应童子试，心不愿而不敢违。随父入县城观场，场中文字草草，榜发置第一五一名，与考者亦一五一名。父大怒，即日命归家，谓教汝读书，乃居阖邑童子之末，辱门楣甚矣。余亦懊丧，愿更试第二场。父不许，遂废然归。母亲询知之亦大不怿，余遂不再往董氏，闭户思过，以为不雪此耻，何以对父母？及府试期近，坚请再往一试，父母知余有悔意，顾仍不许，谓此去再取得一末尾资格以归，只益辱耳。余悲怅无以自明，二姊知余志坚，则询余真知悔乎？慰励百端且为请于母氏，母氏言于父，勉强许之，遂买舟往宁波就试。

十一月，应府试，主试者萍乡喻先生（兆蕃）。自以早年科第，欲拔幼童列前茅，于考生年在十七以下者，均为别置试场于内堂而亲试之。余文实不佳，喻先生故意降格相看，第一试四书义置第十一名，第二试为史论置第一名，第三试为史论策问各一篇置第四名，第四试为策问时务置第二名，第五试五经义，试毕未发榜，召余一人至其内署书室，亲授论策题各一面试之，并为具馔，引余见其夫人，试毕赠予湖北局刻《古文辞类纂》一册，命老仆高升送余归寓。翌日总榜发，列第一，父始色霁。时风雪甚，寓中诸就试者均已先归，余随父买舟归，过父执孙以文先生家，以文先生以手拊余背曰："汝所以得此，乃县试失败之所激也，不患蹉跌，患不能自奋，宜永记之。"

是年，七弟训憨生，生而美慧，踰年即殇，吾父母惜之甚。

光绪三十年甲辰（一九〇四）　十五岁

二月，至宁波应院试，录取第五名，为慈溪县学生。予幼时体弱而好荒嬉，常贻慈母忧，至是始稍慰母心。

三姊于归陆氏。

偕三弟入慈溪县中学堂肄业，予列甲班。三弟列乙班。

慈溪县中学开办于两年前，主持者不谙教育，未见如何成绩，本年由县学训导仁和关来卿先生（维震）任监督，稍稍革新之。时主讲中文者为陈山鲁先生（镜堂）、蔡芝卿先生（和铿）、蔡芳卿先生（和锵）、陈季屏先生（祥翰）；主讲英文、算学者为胡志程先生（晢良），体操亦胡先生任之。内分三班，甲班又分二组，洪君苓西（锺美）程度最高，为甲班甲组生。余与冯仲肩（堪）、冯威博（度）、陆蒙艺（羽光）、董铁珊（劦）、茅咢言（启谔）等均为甲班乙组生。裘由辛（遹骏）、洪全堂（曰沛）、陈子翰（庆标）及三弟均为乙班生。内弟杨志成、仲末均为丙班生。全校同学约三十人，分东西斋居之，每二人占一室，寝室与自修室合，教师兼任管理，每夜就寝后必巡视各室，余及三弟居蔡芝卿师之对门一室，芝卿师监护周至，即饮食寒暖之微，亦负责指导，后来学校所不常见也。

校课午前为修身、经学、史地与国文，午后为英文、算学与体操。余是年于历史、地理所得最多，地理习谢洪赉所著《瀛环全志》一厚册，历史阅《通鉴辑览》半部并习《万国史纲目》完。校内生活简朴，用青油灯，老仆邹成孝每半月携菜油一小瓮及食物少许来校一视余兄弟，每次均携来制钱六百文供余兄弟之零用，剃头、洗衣、购果食均取给焉，缴学费以外，不见整个之银币也。

校中规定每星期作文一篇，列最优等者记功二次，优等记功一次，中等无功过，下等记过一次，最下等两次。又有临时试验及学期试验，县令亲至课之，凡学业成绩每积一功奖银币二角，县令亲课时视课业优劣奖银币二圆至五角，余与三弟半年内以所得者积累存储得二十一圆，暑假归以奉母，母氏大喜，嘉余等不妄用也。

在校与洪君苓西、冯君威博交最笃，洪君长于余，视余犹弟，冯君与余年相若，而天资颖异，为学勤奋，为全校所爱重。

是年夏，吾邑成立县教育会，钱君飔、王容子、林黎叔、俞叔桂等均热心与其役。

光绪三十一年乙巳（一九〇五） 十六岁

仍肄业慈溪县中学堂。

本年由鄞县毛价臣先生（宗藩）授中文及经学，蔡芝卿先生任史地，芳卿先生任算学，胡志程、沈子刚二先生分授英文及体育。

毛先生为鄞县之宿儒，邃于经史，一时称淹雅，顾余等年稚，学问又浅，未能领悟其所教。先生耳重听，性情孤介，态度尤冷漠，而课徒严。某日，授经学，责詈过当，同学咸不平，次日复上经学课，相率迟迟不赴讲堂，关先生来督责，始挟书入堂，则毛先生拂袖归室不复出矣。关先生大怒，欲革斥诸生，而同学九人竟上书请去毛先生，且出校以示决绝，既出无所归，结队寄宿于城中冯登青（梯云）同学之家，相持凡三日，各生家长咸闻讯来校，慈湖旧同学数人出而调停，乃各具悔过书仍返校肄业，校中悬牌各记大过一次，风潮始平。然毛先生竟因此辞职。事后同学窃闻蔡芝卿先生昆季相语，谓"以毛先生之学问而诸生竟哄逐以辱之，我辈不复有教人之资格矣。"同学闻之咸大悔戚，其幼稚如此。

四月，五弟训恕（行叔）生。

四月初六，先姒以产后症逝世，享年三十有九。距五弟之生才二小时，余自兹为无母之人。

月初，余以陈氏义母某孺人之丧，奉父命请假往送葬，事毕将回校，到家一转，禀辞母氏，母氏卧楼上，女佣传母命止勿上楼，仅谓好好读书留心冷暖而已，予凄然心动欲一见母氏，女佣谓汝母腹痛无大病也。到校之第三日，老仆邹氏自家来，迎余兄弟归，谓母病甚矣。遂与三弟徒步归，过皇桥值大雨，狼狈甚，心知不祥，忧急无似，至里门遇承志族叔祖，询母病如何？曰不起矣！与三弟惊痛大哭而入，则母氏已移灵于堂。吾母柔嘉淑慎，好损己益人，佐吾父拮据持家二十年，以勤将俭，爱令誉甚于其身，思虑绵密而治事周至，育五男六女，卒以产殒，年仅三十有九，邻里悼泣，出于至诚，吾父之痛，更可知矣。

四月十二日仍回校，每值虞祭，即与三弟步行自城归。

是年夏，寓城中正始小学者匝月，从冯敦善君学英文，以理化初步为教本，威博同学焉。

慈溪县中学校下学期大刷新，聘钱吟苇（即去矜）先生为学监，冯汲豪先生（毓荦）授经学，冯君木先生开授国文，钱君勰先生（勰群）授博物理化及音乐，诸生益蹈厉向学，慈湖中学之名大著，与奉化之龙津中学几相颉颃焉。

余自本年上学期即以课余问业于君木先生之门，至是正式从学，先生评余文条畅有余而凝谧不足，教以选字修辞炼句之要，谓"文从字顺各率职"，知此七字，乃始可以学文。每周于校课外，选古人文字四五首令余等讽诵之，且令课毕往其家讲论，冯先生热情恳挚，同学有尺寸之长，则誉不去口，善诱曲譬，务令获益而后已，所居槐花树下，门弟子常满坐焉。

光绪三十二年丙午（一九〇六）　十七岁

奉父命转入宁波府中学堂肄业。

宁波府中学堂旧名储材学堂，去年改今名，喻庶三先生锐意改革，以刷新教育为己任，本年改聘关来卿先生为监督，充实学科，扩充学额，去年冬招考，慈溪县中学生应考者十一人，全部录取，且均列前茅，其后诸同学以县中绩办，不愿转入府中，唯余及三弟奉父命向县中退学转入肄业。余父之意，盖欲令余兄弟稍广交游以长见识，且庶三先生向余父言，必欲余兄弟入府中，余父不欲拂其意也。

府中学科完备，本年添聘俞仲鲁（鸿梴）先生为学监，王艺卿（绍翰）先生授经学，魏仲车（支枋）先生授国文，凌公锐先生授史地，叶德之表兄授算学，胡可庄先生授英文，石井信五郎先生授博物、理化、图画、体操。教师人才亦颇整齐，唯较之县中，各科间互有短长，而旧学生之风纪精神，则较县中大有逊色焉。

余入府中后受知于凌公锐先生最深，凌先生常勉予专习史地，谓有此基础，泽以文字，可望深造也。先生长于口辩，故又鼓励予学为演说，每值同学会开会，必登坛练习，初时觉发言艰涩，稍久亦习之。同学中过从较密者为鄞县卓葆亭、蔡增佑，镇海沈养厚、刘宗镐，余姚毛汶泉，同邑洪承祁、沈炳延、赵酉官（之傺）诸君。

入校后二月，以言动不谨，激起学校风潮，不得已自动退学，记其概略如下：

府中学本年录取新生约卅余人，与旧生之数略相等，校中为管理便利，以旧生居西楼，新生居东楼，遂以居处之分隔，伏相互歧视之恶因。旧生大抵皆二十岁以上之人，新生之平均年龄则在十六七之间，以旧学及英文成绩言，则旧生优于新生（甲班同学十一人旧生居其十人，杨菊庭、戴轩臣、罗惠杰皆同班也），但新生多出身于学校，所受之新教育，较旧生为完全，故旧生常蔑视新生为未冠之童子，而新生则以为此学校也，非科举之场，仅能习英文、国文者，岂得为完全之学生乎。至以生活言，则旧生中确有习染甚深而不足为训者，如群居谈论，好为风月戏谑之谈，而夜间私出赌博为狭邪游者亦有之。学监俞先生婉言劝导，辄受其辱，故新生益不平。盖知旧生方恋恋于以前主校之某君，又常以不根之词谋离间教职员（怂恿胡可庄、石井二先生联合以对抗新聘之教师，且讽示关来卿师使知难而退），而使学校改革不彻底也。会新生同学中有好事者发起图书展览会，邀集西楼诸同学来参观，谓吾东楼之书架上，有世界史、世界地理、代数、几何、动植矿物、理化、社会学、图画、音乐诸科书籍，以较君等所有，孰为美富乎？西楼同学惭沮而隐恨之。某日同学会开大会，新学生相约以学生新道德为题，纠正同学生活之腐化，余亦为演说者之一，旧同学始集矢于余矣，顾余尚不知已为旧生侦伺猜防之目的物也。其时洪君苓西就学于复旦公学，一日贻书抵予，询府中学自关师来后改革之状况何如，余则覆一长函，备言旧同学之腐败，英文每周八小时，尚欲请求增加，只准备作洋奴耳，石井教法滑稽而无条理，学校前途极悲观云云。书成，刘君宗镐索观之，余以事他往，嘱刘君勿为旧学生见也。刘君短视甚，适旧生某君来余室，自其后尽窥之，以告西楼诸同学，下午遂私开投信柜，取余书而诉诸监督，要求将予即日斥退，否则旧生全体退学。顾新生又为余抱不平，联名二十人，上书监督，谓如斥退陈某，则我等亦全体退学。关先生乃召集全校学生，以余轻动笔墨，破坏同学名誉，牌示记大过两次。公锐先生等均为予不平，君木师尤愤愤，谓今日世界乃有破坏书信秘密自由之举，且处罚过当，为吾甬教育之羞。而旧生犹坚持非将予除名不可，盛省传先生又从而助之，势汹汹将不利于余，德之表兄劝余出居育德学校暂避之。如是相持者数日，教育会会长张让三先生召余往，劝自动告退，以保全学校，然教育会之其他评议员如赵林士先生等，则谓如此处理，太觉偏颇。

时旧生势益张，见关先生亦不为礼，喻庶三先生知此为新旧势力之争，非断然处置，则将扰攘无休，遂突往学校，召集旧生，宣布旧生亦各记大过二次，谓陈生对不起同学，已服其罪，诸生对不起学校，亦应处罚。如不服者，退学可也。余至是始悟以余一人，将使全校解体，遂即日自请退学，而风潮始平。

退学后无所归，寄寓育德小学者凡三月，入师范学校简易科，作选科生，从锺宪邕先生学博物，顾麟士先生学日文及图画，夜与冯孝同君同宿于育德小学，间亦为育德诸教师代课焉。

余自俯中学潮后，深感失学闲居之痛苦，每值三弟休沐日来访，辄相告语，谓此后必当慎言慎行，力戒轻妄之举动。实则三弟厚重沉默，少时已若成人，无待余之规勉也。

自今年入府中后，喜阅新出译本之小说，或恋爱、或侦探冒险、或历史小说，每出过书肆，必购三五册以归，寝馈于斯，若甚有至味者，退学闲居后尤沉溺之，大哥尝切戒之而未能改也。暇时辄焦虑于转学问题，以县中不能再回校，师范又程度不合，踌躇无所出。六月某日，邂逅范秉琳君，其兄均之（承祐），大哥之友也，予二人因亦缔交焉。秉琳方肄业于浙江高等学校之预科，与予之程度适相合，力劝予前往同学，顾高校不招插班生，非请求特许不可。辗转谋之林士均之诸先生，事为张葆灵（世杓）先生所闻，力以介绍人自任，为作书三通，分致高校教务长王伟人（惟忱）先生，及教员韩强士、寿拜庚（昌田）二先生，求破例插班，愿受试验。遂返家请于父，父许之，命随族父安甫伯（赴杭经商）往杭州，临行送之于门，族之父老有询予何往者，吾父笑曰：如游僧托钵，贫人求佣，何方栖止，难自定耳。临歧闻此言，触动愁绪，为之泪下。

抵杭州寓长铨宗老处，彼方执业于下城张同泰药铺也。往访秉琳，介见王教务长及韩、寿二先生，韩、寿二人竟谓张世杓何人？已不甚能忆之矣。王教务长出见，意极诚恳，但谓本校不招生，破例插班，事实上所不许可。予恳请再四，谓愿受严格试验，如程度不及，不敢强求，否则远道来此，求学无所，想先生主持省校，亦不忍使一无告青年流浪失所。王先生谓且商之监督，明日再来见。

次日再往，则监督吴雷川先生（震春）亲自延见，询所学及府中退学原因，余直陈无隐，吴先生似感动，谓且先试国文、英文，观汝之程度何如，遂命题授纸，凡二时许缴卷。午餐后吴先生令人传言，明日再来授试算学、理科及史地，余始觉有一线之希望。既归寓，张同泰之肆友邀游西湖，从容问予，汝来就学乎？余告以能在杭读书否，须视试验结果而定。中有一徐姓者突然问予，既读书之处未定，携书箧及衣物如许何为者，如不录取则又尽携以归乎？窘甚，几不知所答。翌日往受试，知尚有海宁同学郑晓沧（宗海）亦申请插班而入学者。午后校中牌示，准予插入预科二年级乙组肄业，急驰书告父，半年来流荡不定之生活，至此得有归宿，深感葆灵先生介绍之力及吴王二先生成余志愿之惠。盖清季革命思潮之波及学界者，为南洋公学之墨水壶风潮，舆论赞美，成为极时髦之举动，当时之青年以能发动学潮为荣，吾郡吾邑亦不能免，余虽非主动人物，亦几为学潮下之牺牲者，事后思之有余惕焉。

入高等学校后，余之生活又为一变。二年级之教师授经学者鲁朴存先生，授国文历史者范效文（耀雯）先生，授地理者姚汉章先生，授英文者孙显惠先生，授理化者郦敬斋先生，授数学者谢伯诗先生，均以勤学率导诸生，同学亦勤奋向学，余在此半年中，颇觉读书之可乐。友朋中最相契者为陈君哲（中）、祝廉先（文白）、毛志远（云鹄）、汪达人（德光）及镇海虞梅洲（振韶）、徐圃云与秉琳等数人，而梅洲、圃云视余犹弟，其扶助匡掖之益尤多。

是年冬，庶姊罗孺人来归。

光绪三十三年丁未（一九〇七） 十八岁

肄业浙江高等学校预科。

校内教师大概仍去年之旧，唯数学改聘嘉兴丁先生，丁先生授几何，口讷音徽，演示算式则极敏捷，其精熟与谢伯诗先生相等，而教法则不及谢先生之详尽。盖丁先生天分高，专以自悟望同学也。其他科目，有日籍教师四人，一为辻安弥，授西史西地，岸然道貌，笃嗜汉学。二为铃木龟寿，授博物，精力弥满，而性情躁急。三为元桥义敦，授音乐，先授歌谱，令学生讽诵玩习，其歌词则指定学生之文字优美者自撰之，学生既于歌谱脱口成诵，又歌唱同学自制之歌词，弥感兴趣，故音乐课为当时甚受欢迎之一课。四为宫长德藏，授普通体操，其人粗犷无文，蓄野狗数头，出入以相随，同学咸鄙恶之。兵式操及器械操，则吴禹门、陆麟书二先生任之，对学生极放任。

高校斯时有一极不良之风气，即所谓"逃班"。逃班云者，对于自己所不感兴趣或认为不难补习之学科，即自动逃课是也。此风倡于三四天资秀异者，中材生亦渐渐效之，余平均每日终有一小时逃班，以在室中或操场空地上自己读书为乐，所读书以文学、史地方面之笔记小册为多，泛滥涉猎，无计划、无统系，学问基础之薄弱，不能不深悔少年时之自误也。同学来者益多，久而相习，以学问才华相慕重者，则有歙县之黄念耘（素曾）（国文、外国文、算学皆冠绝全校），休宁之汪达人（德光），金华之邵振青（锡濂），德清之莫存之（善诚），绍兴之朱内光（其辉），永嘉之林智敏，绍兴之邵翼如诸君。以性情气谊相投合者，则为绍兴之沈柏严（家璠），吴县之邹亚云（铨），兰溪之胡心猷（时铎）诸君。常以民族革命之义相勉，而陈君君哲尤激昂，时时以鼓吹种族革命之刊物假阅焉。是年秋，校中聘沈士远先生来主国文课，张冷僧（宗祥）先生来教地理，两先生乐与学生接近，同学时时往其室谈话，沈先生常以《复报》《民报》及海外出版之《新世纪报》等，密示同学，故诸同学于国文课艺中，往往倡言光复汉物，驱逐胡虏，毫无顾忌，唯有时以□□字样代之而已。

吾校教育方针重自治自觉，管理不甚严而考试甚勤，自监督教职员以至于学生，皆重在情感之陶冶而不重形式，全校融化于一种和易之空气中，亦自然孚洽，鲜有自暴自弃或嚣张乖戾越出常轨者。有校友会，以监督、教务长任正副会长，每级举会正一、书记、会计、庶务各一人，作种种课外活动及练习学生自治能力。余两次被举为本级之书记，会正则汪达人（德光）任之。又因史地、博物均日籍教师教授，不用课本，而用表示讲解，故各级均由学生自编讲义，举二三人为编辑，缮印、装订分配均同学任之，余尝被推编辑生理学讲义之后半部，故于消化系统等理解较详确。

是年春，蒋百器（尊簋）自日本学陆军归，成立新军二标，蒋为标统，二标之官兵皆征自民间，多识字受教育者，亦有塾师投笔应征，甚为当时所重视，二标成立之日，杭州各学校学生齐往梅东高桥举行盛大之欢祝会。

秋，参加浙路拒款会充学生代表，先后二月，奔走之日多，受课之时少，于学业损失甚大。浙路拒款运动者，以当时汪大燮任邮传部长主铁道国有，将以沪杭甬铁路借英款建筑，浙人群起反对，以力保主权为号召，自耆老、绅士、学界、商界均有组织团体宣传请愿之举，省城各校均派代表参加，予被推为本校代表之一，时时开会，或集队请愿，其时校中正授几何第三、四卷，予完全未上课，自此以后，数学成绩大退步。

是年六月，六弟训念生。

光绪三十四年戊申（一九○八）　十九岁

肄业高等学校预科。夏毕业入正科。

是年校中课程及教师无甚变动。唯余对于数学、理化之兴趣日减，丁先生授几何三角，疾如奔驰之马，余既以去年参加学生运动，脱节甚多，益觉追赶不上，唯三角觉尚简易耳。郦先生授理化，讲解不清晰，实验亦不常做，同级中除特有自然科学倾向者十余人外，皆未获益也。故余此半年中，仍以涉猎文集书报等为多，于海上之《神州日报》、《国粹学报》等尤喜阅之。

四月，杭州各校举行联合运动会于梅东高桥运动场，到者三千人，金华胡丽卿（自南）君得长跑第一，夺得锦标，全校以为荣。余在会场任会场新闻编辑，以油印分送观众，图画教师包蝶仙先生指导之，是为余练习新闻事业之始。

夏，修毕预科学程，同级卒业者凡五十余人，余成绩列第五，毕业典礼之夕，学校治酒食飨同学，监督吴先生为两级同学每人尽一杯，其饮量真不可及。

下学期升入本科第一类肄业。按当时学制，高等学校为中学与大学间之中间学校，与日本学制相同，高等学校分三类：第一类志愿习文哲法政者入之，第二类志愿习理工者入之，第三类注重生物等志愿习医及博物等科者入之。余在中学时之志愿，本欲习农业（当时极希望到日本入札幌农学校，即今东北帝大，以其在北海道农区，且校内课程亦完备），屡与陈君哲诸君等相约必达此志愿。是年请于吾父，不许出国。校中教师同学，均以余于理科非所擅长，高校特设一、二两类，可入第一类肄业，此为余后来为学做事之分歧点，若在中学时代不以学生运动而抛荒数学及理化，则当时必入第二类也。

　　第一类第一学年之课程注重外国文及历史地理，而国文经学等，所占课时亦多。时任英文者为邵裴子先生（长光），任法文及外国史地者为张镜人先生（文定），而国文经学则外舅逊斋先生任之，同级仅十五六人，课程简单集中，练习机会亦多，此半年中以同学皆沉着好学，获益不少，而友朋之乐，亦更视昔为胜，盖贞柯、威博自慈湖中学来，轩臣自宁波中学来，志尚自奉化中学来，正科两类同学二十八九人吾郡占其六人，一时称盛焉。

　　在高校预科时，有满洲籍同学六七人，盖暗寓监视学生之性质者，汉籍生均不与交通，此六七人乃别室以居（自修室每室可容十二人，但满生之室，无有愿与同住者），自为风气，然亦有沉着苦学之士，有名迎福者，为学最勤，课业亦佳，及预科毕业后，仅二人升入正科，一名恩良入第一类，一名连煦入第二类，同学至此始有与通谈者，彼辈以势孤，亦乐与汉生交接。闻初入预科时其势焰张甚，同学杨春时君，即彼辈所排斥退学者也。

　　是年，清光绪帝及慈禧后同时逝世，溥仪嗣帝位，明年改号宣统。

　　冬十一月，三弟勉甫殁于家。三弟少余两岁，而厚重笃实，自幼言动若成人，资性敏慧，尤有治事才，以遗传之性格言，酷类余父，故父母手足均笃爱之。性尤纯厚，自去年起，悯父之勤劬，即以辍学助父理家族事为请，余父常语人，谓恩儿（指余）阔疏好务外，异日继余志者，其为次儿乎？去年吾父游江西，弟请假理家事，井然有条理，族人某相助司会计，偶有情弊，弟辄发其覆，人不敢欺焉。本年突患冬温症，自校请假归家，乡间无良医，误于药，遂于十一月初五殇，阖家痛悼。吾父初不令予知之，已知不可隐，始函告吾同学嘱为告余，然威博、志尚等恐伤余心，亦不以告，同学有奉化江汉声者，有憨直名，某日在盥洗室睨予而笑。坚询之，谓君自有可笑者，君弟已夭逝，而尚欢乐如常乎？威博等乃举以语余，盖距弟之丧已二旬余矣。大哥寄余诗曰："朔风生道路，吾弟近何如？为寄数行泪，相怜一尺书。意将依汝老，迹渐与人疏。无限穷居况，萧条逼岁除。"

　　年假归里，日与四姊、五妹、六妹等谈三弟往事，忍泪相对，戚戚无欢。

宣统元年己酉（一九○九）　二十岁

肄业浙江高等学校。

本年上半年教员多仍旧，余以志尚、威博等怂恿，兼习德文，一月后觉同时兼习德法两国文字，必至一无所成，遂放弃德文，专以法文为第二外国语，然法文教师为张文定先生，其所采课本太陈旧，发音多英美音，故进步殊少。

自入正科后，甬籍教师人数增加，甬籍同学亦占同学总数五分之一，同学间渐渐学作甬语，成为一时风尚。其时甬籍教师，除外舅及仲车先生外，尚有胡沇东先生授数学，胡可庄先生授英文，赵志游先生授法文，而大哥及申之先生等均以咨议局议员留省，休沐日过从游宴，一时称盛。

此半年中读英文文学名著，觉最有兴趣，但对于英文作文练习，则用力甚少，不及贞柯等远矣。

下半年聘美国惠斯康辛大学教授洪培克先生（Stanley K. Hornbeck）为本级主科教员，授历史、地理及论理学，陈佩忍先生授中国地理，沈尹默先生授掌故史（掌故史之名义甚奇特，其内容盖文化史也）。

秋初饮食不慎，致患痢甚剧，先由秉琳患此病，同学传染者三四人，均不久即愈，独余为最剧，人广济医院治疗一星期未愈，院医医术浅薄，态度傲慢而疏忽，院中设备及卫生均恶劣，臭虫满床席间，诘之尚不自承，愤极出院，迁居上城四明颐养庐。秉琳亦未愈，来同寓，最后请大哥之友江山聂先生（亦咨议局议员）投中药数剂始愈，然已形销骨立矣。向学校请假归里养病，与朱清奇兄同舟归，以食蒸栗过多，归家又复发，又旬日而痊愈，予之不谙卫生知识有如此者。在家养病匝月，索居读书，暇辄游田野间，生活闲适，病亦遂痊，侍予疾者五妹为最勤，而四姊调护饭食，尤尽心焉。

是年，吾家改建新居，九月落成，吾父夏间患足疾甚剧，督匠庇材，终日无休，既成，问余等新居何如？余兄妹等各举种种应改进之点以告，吾父莞尔曰："是已费尽吾不少之心血矣，尔等尚求全耶？"因举大舅父营新居过奢卒耗其资产，为余等儆焉。

九月二十四日，宏农君（陈布雷原配夫人）来归，外舅留杭未回，由三叔舅代为主持婚礼。

十月中旬，赴杭州销假入校，校课脱落殊多，补习几无从入手，每夜延长自修一小时，尚苦不及，第一日上历史课，洪培克先生问此新来之学生何故迟到？同学答以因结婚请假，先生谓年未二十，且尚在就学期，乃早婚耶？盖先生已卅四岁，犹独身也。

年假返里，昼夜补课，赖贞柯等假予课室笔录为参考，然对于论理学，终以自修之故，不能领悟彻透也。

宣统二年庚戌（一九一〇） 二十一岁

肄业浙江高等学校。

春初赴杭入学，经上海，时大哥及洪佛矢、胡飘瓦先生均在沪主《天铎报》，寄寓数日，闻见渐恢廓，对记者生活，颇歆羡之。

学校生活与上年无异，同学为学渐趋切实，本年由洪培克先生授十九世纪史及外交史、世界地理等，法文亦由洪先生任之，以SEINGUBO著《近世文明史》为教本，而英文课中选用麦考莱之历史名著，全部学程，均以史地为中心焉。余以兴趣所在，对国际时事尤所喜习，盖在慈湖中学时，习外国史地已有相当基础，皆蔡芝卿先生之教也。

为铁道国有问题，致杨皙子（度）一书，寄洪佛矢先生教正，佛矢先生为刊入《天铎报》，覆函称许，勖以课暇常作文字投寄，余倾向新闻事业之心益坚。

是夏，浙江议选官费生十名赴欧美，同学中如孙士燮（理堂）、施仁荣（少明）及志尚、养厚、贞柯、威博均往应试，余得外舅之许可，亦往报名，将中学时代之理化、生物、数学等，均搬出补习，试期既近，则与诸同乡迁往得升堂客寓。甫试国文、英文、数学三场，而余父书来，谓三弟已夭逝，家中弟妹众多而幼小，不愿余出国远行，遂止。会试场中发现某项谣言（以主试者有杭州中学教师事前泄题于杭中学生），诸同学亦试未终场而罢。榜发，吾郡翁君文灏（咏霓）居首。

下半年课程加紧，有法制通义、经济学及经济地理等课程，法文则赵志游先生授之，用文学名著两种为教本，同学颇苦其艰深，历史已授毕十九世纪史，改授宪法史，兼及政治学与比较宪法等，皆洪培克先生研究有得之学科也，尽心教导，每日需阅参考书五六十页，课暇几无余时。然休沐之日，仍相约游览湖山，盖吾校同学受地理环境之影响甚深，其学风可以"平易"二字包括之，学习与游息不偏废也。

仲秋某日，与张裘伯君及志尚、秉琳、威博等数人游西湖，张君任教于陆军小学，与吾校为邻，兼授吾校德文课，其时已截发去辫而不穿西装，予等均慕之。张君谓胡运将终，君等奈何犹留此可耻之纪念物于脑后，遂由志尚倡议，返校时即唤理发匠剪去之。甬籍同学六七人及何君酉生均与焉，然恐家人切责，皆匿不以告，且嘱理发匠制假辫以备用焉。

是年二月，七弟生。

四姊自丧母以后戚戚无欢，某日以赴厨下治膳，天雨失足倾跌，遂患足疾，一足微跛。

宣统三年辛亥（一九一一）　二十二岁

肄业浙江高等学校，夏卒业。秋冬留沪任《天铎报》撰述。

春赴杭过沪，寓天铎报社旬日，以戴君季陶结婚向报馆请假，嘱余代其事，每日撰短评二则，间亦代撰论说，馆中同人皆与余善，马志千、徐筱泉、林聊青暇时常偕余出游，筱泉以余短评中喜用《水浒传》等小说中语，称余为小说迷。

此半年中校课更紧，洪培克老师尽心教授加重速度，予等几如逐车后而驰，师某日语余等曰："尔等之程度，殆可入美国大学二年级而无愧，然余望汝等不以此为止境，终须以所学为尔祖国效用，须知中国方在开始一前未有之改革期也。"外舅于课暇亦常招余往谈，询以为学心得，并指示学问门径，外舅不望余为文士，而以顾亭林等期余等，其授《宋元学案》，亦往往以学问须为世用相勖焉。

夏，举行卒业试验，身体受气候影响颇不支，大哥甚忧之，贻书吾父，谓二弟此次考试，不作第二人想，校中教师亦谓其课业优异，足为吾家门楣光，然体弱如此，恐试毕将大病耳，结果以请假扣分列第四名。毕业之日，一二三名均有学校特颁之奖品，唱名至余，独空无所有，同学咸为余不平，谓就本届试验成绩言，至少亦应有名誉奖状也。监督孙先生、教务长邵先生招余往，慰勉甚至，谓教师及学校均以远大期尔，勿介介于等第名次而自馁。邵先生且谓余亦不利于考试者，然学问贵有真实之造诣，尔天资不居人下，而沉潜不足，宜随时自策，无负诸师之望。邵师平日遇余最严，在同级中对余最不假以辞色者，至是乃知其望余之切，终身感之不能忘。

毕业典礼后，即离杭返家，小住旬日，应《天铎报》之聘，任撰述记者。

《天铎报》开办时，汤蛰仙先生为董事长，大哥任社长。汤先生长厚疏脱，不甚问社中事，而其左右干部，有所谓旅沪学会派者，阴思攫报社为己有，龃龉甚至，大哥拮据支持，甚以为苦，至本年乃以经济枯竭，社中亏欠甚多，让渡于粤人陈芷兰。芷兰者，汉冶萍公司沪经理，其背景为一部分粤人，与盛宣怀家或亦有相当关系。大哥既卸职，社中更聘粤人李怀霜君为总编辑，然社事虽已让渡，而前后局交接未完，故飘瓦先生等建议使余入社为编辑，藉便前后局之接洽，余知为临时职务，然颇乐于尝试，遂请命于父，允就其聘焉。

秋初，到沪就职《天铎报》，约定每日撰短评二则，每十日撰社论三篇，月薪四十元。以在馆不能住宿，赁居于南京路第一行台旅社，社主人俞鸿奎君，与天铎前局同人有交谊，对予颇优待，以前楼临街一室居余，仅月取十二元为住宿兼膳费，有时且招往其账房共饭，可谓廉极矣。天铎之旧同事沈筱汀君与余同室而居者约一月，沈君去后，予独居之。少年初涉社会，对一切都感觉新异而有趣味，交游渐多，来者不拒，居常备白玫瑰酒一瓶，每日购酱牛肉小银币二角，以待宾客，虽收入甚微，且常常欠发，亦不感如何拮据也。每日午后到报馆收集材料，夜九时入馆撰文，十二时归，过望平街口之陈一鹗纸店前，必市果物少许，携至寓所食之，甚恰然自得。

在天铎撰文字，署名布雷，一月后渐有知者，八指头陀赠诗有"迷津唤不醒，请作布雷鸣"句。然布雷二字，实太浅露而不雅，友人中常有询命名之意义者，其实余以此二字之别署，乃在高等学校为学生时同学汪德光君为代拟者，盖余此时面颊圆满，同学戏以面包孩儿呼余（忆为邵振青所创始），由面包而 BREAD，再由译音而改为布雷，汪君盖谓余好撰文字投报馆，以布鼓自拟，亦甚有趣味云尔。然后来竟以此名，而训恩之原名，及君木先生字余以彦及，转鲜有人知之者。

居上海三月，以新闻事业常往请益者为宋教仁先生（钝初）［其时主《民立报》，与于右任（骚心）、吕天民（辟）等同事］宋先生亦善视余，记第一日往访于《民立报》编辑部，宋询予学历毕，问何以来报界作事，余答以为求学问长见闻而来，自信较入大学为有益也。宋顾隔座之吕曰："君闻之否，此君乃以报馆为学校，不亦海上奇闻乎？"自是过从甚密。宋擅长史地，尤善于论列国际大势，其时沪报以国际时事为论题者仅有《民立报》，而予亦不自量度，每值国际政治有变动时，必争先为文论列之，次日《民立报》亦必有一文，相互印证以为乐。又《神州日报》有胡寄尘君，年与余相若，好为词章笔记，暇辄相过从焉。报馆以外，则与南社诸子如柳亚子、高剑父、陈道遗诸君游，又常往洪君笭西处，笭西弟视余，多所规益焉。

八月十九日，武昌义师发动，《天铎报》在编辑方针上为倾向革命者，然怀霜殊谨慎，不敢称义军，而各报多称逆军，天铎又义不可附和，乃用革军字样，而以论说属予，予遂连日有撰长文之机会，作《谈鄂》十篇，按日刊布之。

沪、浙相继独立后，宁波亦建军府，虑乡间不靖，且四姊、七妹等均有病，八弟甫堕地，在襁褓中，恐父亲一人不易处理，遂乞假归，移家人于鄞，借翁厚甫先生家暂住。

庶母在产月中，不欲远行，吾父亦愿居乡以镇定人心，故仅伯母全家及余家兄弟姊妹往，七弟方二岁太幼，亦未同行，余伴送至鄞，安置妥帖后仍走沪，大哥留余佐军府文书，余以纷纷投效者甚多，心不喜若辈，遂谢绝之。搭轮到沪，凌晨至报馆，排字工人三五辈迎于门次，谓陈先生迟迟不来，甚令人盼绝，吾报今发行及四千份，如再努力，必驾神州、民立而上之，时报、新闻报不足道也。其时民气旺盛，人人望民军胜利，民国成功，即商贾工人，有同感焉。

参加张园之民众大会，识何海鸣、江亢虎诸人，邵元冲君亦偕湘友数人来沪，久始知为同学邵骥也。十月中旬，季陶来余寓，坚劝赴东北佐蓝秀豪（天蔚）戎幕，余以父命不许，且心不愿离《天铎报》而他适，坚谢其意，季陶谓余无大志。

孙大总统既膺选，撰发对外宣言，初稿用英文，交王亮畴先生携沪发表，为天铎总经理陈芷兰所知，要之来报馆，谓吾社有陈君，可任译事。亮畴初不信，命试译一段，以为不失原意，遂全译之，亮畴为校正文字，即交《天铎报》首先发表，翌日《民立报》始知之，徐君天复（血儿）谓于右任先生曰："此文乃为《天铎报》抢去先登，可惜可惜！"

余在天铎任事五月，酬薄事多，只为兴趣关系，毫不计较，而年少锋芒显露，不自敛抑，渐为怀霜所忌。怀霜是时功名心热，奔走于黄克强处甚勤，必深晚一时后始到社，酒食征逐，所志日荒，余亦不喜其所为。一日突邀余至其室，言社中经济困难，君之月薪，只能发三十元，其余十元，将填给股票，余允之。又数日乃遣人示意，谓论说一栏宜以庄乘黄君为主撰，陈君但撰短评可已。余知不可留，即日收拾行装，辞职归里，半年中之报馆生活，暂告结束。

方余将归沪时，戴季陶、周少衡（浩）方创办《民权报》，姚雨平叶楚伧创《太平洋报》，邓孟硕（家彦）邵元冲、宁太一创《民国新闻》，均有约余相助之意，而陈陶遗君与其友人雷季兴君方接盘《申报》，亦约予入馆任撰译。予自思民国成立，此后报纸，宜鼓吹建设，非可长以摧陷廓清之偏锋论调炫众而导乱，故仅允陶遗为担任西报翻译，仍请命于父决定之。会乡人中有以海上纷华之场，非少年所宜独居，劝外舅及余父勿再令予任报馆事者，余父信予勿涉于邪，而外舅不欲予以记者为职业，适吟苇先生等有设立效实中学之议，遂决就效实之聘，除夕作函致陶遗，旋得覆请任义务译述记者，按期寄稿于《申报》，《申报》则以外国报纸杂志五六种赠余，作为酬报云。

是年八月，八弟生。

清廷既覆，孙大总统一月一日就职，改用阳历，定明年为民国元年。

民国元年壬子（一九一二）　二十三岁

任教于郡城效实中学。兼为《申报》任特约译述员半年。

效实中学者，盖吾郡教育界鉴于六邑小学毕业生日多，公立之第四中学办理不甚完善，而郡城其他私立中学，皆外国教会所主办，意在传教，学科均不充实，故认为有自办一完美的中学之必要。此议创于钱吟苇、赵林士、芝室、李霞城、陈谦夫、蔡琴孙诸君，而大哥亦力赞之。会鼎革后北都俶扰，北京大学陷于停顿状态，陈季屏、何旋卿两师及叶叔眉、何吟苢两君闲居无俚，逐约集同人为效实学会，假育德小学为校舍，而李云书先生慨然移赠益智中学之全部校具及仪器，由学会聘季屏先生为校长，招收学生三班，以正月二十日开学，余及威博亦受聘任教科，余任英文一班及外国史，威博任算学及理化一班，每周均授课十八小时，年薪各四百金。

初任教职，觉亦颇有兴味，以所任课程简易，不需多所预备，每日尽有余时自修。予是时之主要兴趣，仍在新闻事业，故阅览英、法文书报最勤，每三日必译稿一篇，寄登《申报》，署名曰"彦"，至暑假后始停寄。

三月，同盟会甬支部成立，加入为会员。开成立大会之日，与徐家光、林斗南诸君为选举事激辩甚久，张申之先生为主席，调解之不可得，事后赵林士先生谓余辩论术可造，然郡中父老，皆以为倔强太过焉。余斯时年少气盛，自视若不可一世，尤喜演说，每逢会集，辄自登坛，好评骘人，尤力诋彼时学法政者之志趣卑下，至谓法政学校不关门，民国必无治日（盖是时浙江一省公私立法政学校凡七所，辩护士之市招，多于酒家，政府无管理取缔之法令，故有激而言此。），以此甚招当时父老之忌。君木师闻之，招往诲戒，谓少年时炫露才华，只自形其浅薄，且尔自视身体精神视范壶公（即范贤方，当时法政界所奉之领袖也）何如？彼一食能尽一豚肩斗酒，尔能之乎？尔岂亦将步彼等后尘，为政治活动乎？以尔之身体，如奔走政治，不数载必劳瘁以夭其年，速自韬戢，努力学问，庶免谤毁。余深感师意，遂力自检饬，自兹勿复在广座中轻易发言。

是年四姊归冯君木先生为继室，作伐者大哥也。

获交丽水章叔言（阆），叔言为君木先生得意弟子，居慈溪最久，性介直孤冷，好词章，以家庭多隐痛，喜作苦语，然性情笃厚，待人出于至诚，朋辈中别具一格者也。

自余任教于郡城，离家较近，每月归省一次，颇有家庭团聚之乐。是年，六妹等就学于宁波女校，其学费则予以修脯所入支给之，顾吾父不欲予代为负担，仍一一记于册焉。

民国二年癸丑（一九一三）　二十四岁

继续任教于效实中学校。

是年，加任世界地理及法制经济课，学生程度渐高，预备教材亦不敢不精审，与从前所学者相印证，觉教学相长之语有至理也。

正月，四姊近于家。四姊自归冯氏，抱病之日为多，春初念家特甚，自城中归宁，竟不起。姊敏感多愁，体本屡弱，丧母后益终年戚戚，顾惠爱弟妹特甚，又讳言疾，常强起助庶母理家事，卒坐此耗损，盛年遽殒，可痛已！

外舅在师范学校任国文教科，春仲患病，命予代课，每日自效实出门，循西城，登城堞而往，课毕复循故道归，有时携书相随，遇夕阳好时，辄坐城堞上读之，自谓有清趣也。至夏初，外舅病愈始已。

是年，始学《说文》，读段氏《说文解字》及王菉友《说文句读》，又常从君木师讲论文字，然以心浮气粗，作辍无恒，故所得殊尠。

高校同学之任教于甬上者，有志尚、秉琳、曾佑（在中等工业学校）、贞柯、轩臣（在师范学校）、威博等，每值课暇，常相过从，以教授心得相质证，甚以为乐。

是年夏，为效实甲班生六七人补习心理、论理、英法文等各学科，志尚亦来校担任补习物理，吟苇先生及大哥等均来同寓，课暇谈谑无虚日，凡一月余而罢。盖是年北大招考，效实诸生提早毕业，往应入学考试，故为指导预备也。试验结果，汪焕章、冯中玺及大侄孟扶均录取，吾郡之学界，始渐渐知效实中学之程度。

民国三年甲寅（一九一四） 二十五岁

继续任教于效实中学校。

春，五妹于归翁氏。

是年，王志尚、董公劢二君均应聘来效实任教职，志尚仍兼中工之物理、化学教职，威博亦间往中工作课外讲演，贞柯亦改就中工之聘，两校同人常相过从，林吾黎叔谓两校学风相近，宜交换任教，故予亦间往中工代国文课焉。本年范均之先生长四中，延余担任法制经济，每周授课四小时，时德之表哥在四中任数学教课，有时或在彼处留宿。

夏初，忽自念长此任教，学无一长，终非久计，拟入北大哲学系，商之大哥，彼亦同意，唯吾父未赞成，遂止。

闰五月，长儿积泉生，产于保黎医院，余翌日自甬往视之。

六月十九日，先考弃养，享年四十有九。

先考近年精神衰，常自忧不寿。去年除夕，召余兄弟及诸妹告之曰："日者谓余年四十，汝母将辞世，又谓余四十八岁甚不吉，过此则寿至六十余，汝母逝世为三十九，其言竟验，故余近年常恐一旦弃汝等而去，今已除夕，当无他患，故为汝等言之也。"余兄弟闻言，方自欣幸，不意今年乃遘此奇变。吾父之病，自六月五日起，仅略有寒热而已，顾是年天气酷热，勿宜于调摄，乡间又无良医，至初十以后，始延保黎医院吴莲艇医士逐日诊治，断为伤寒。至十七日以后，乃日益加剧，是夜余朦胧中梦有人以草索缚余身，大呼而醒，自兹惴惴，不敢复睡。及十九日夜九时许，气促痰塞，余趋呼榻前，父握余手，瞠目直视，发音模糊不可解，盖舌已僵木矣，观其睫中，泪迹莹然，大痛几哭出声。父握余手，屈余之拇指及食指者再。余再三揣度，不解父意，最后高声语父，谓家事及宗族事耶？儿必辍一切事业，锐意承之，勿贻吾父忧也。父微额其首而殁。呜呼！自兹余乃为无父无母之人。追纪及此，几勿复能下笔也。

吾父既逝，余家弟妹众多，四弟十四岁，五弟十岁，六弟八岁，七弟五岁，八弟四岁，六妹二十岁，七妹十八岁，八妹十六岁均未嫁，九妹生于是年五月才弥月耳。且宗族事，乡党之公益事，均无人继理，念余父临终遗意，余遂摆脱一切，决心家居，函四中及效实辞去教职。

七月下旬，为父设奠，殡于良八房之高原，宾客来会葬者，念吾父之慈惠好义，悯余之寡昧孱弱而当繁重之家事，咸为雪涕。外舅亦来临奠，时庶母必欲以家政内务归余妇宏农君，宏农君胆怯勿敢承受，赖外舅以大义相责，始流涕受命焉。

余幼时习为疏脱，既长就傅，留学于外，居家之日少，益不复亲庶务，吾父以余不习家事，即假归，亦任令独处书室，勿令佐杂务，故簿籍会计，米盐出纳，僮仆管理等事，与余若格格不相入。亦以吾父气体康强，必享遐寿，可长承庇荫，故不复措意及之。今突遭此变，几如千钧之任，突然加于肩上，忧思无计，累月失眠，虑以勿克继承，贻吾父羞。某日突问大姊："余得勿如族兄训礼乎？"训礼者，以愚骏勿肖其父，为族党所鄙弃者也。大姐闻而转述于伯母，家人皆以余忧戚过度，为余深忧之。余又尝贻书告余友，谓今而后乃知书生之无用，余向日在校之所习，到乡村理家族事，一无所用之，而乡人所视为克家之条件，在余乃无一而备，非如小学生从头学起不可，兄等须知弟在乡，即厮养丐卒，亦有轻视弟之权利，以彼等所知多于弟也。以此一念，时萦脑际，忧伤抑郁，不复能释，而宏农君骤承家事之重，其柔弱勿胜任亦与余相类，长日叹吁，无可慰藉，此为余后来神经衰弱致疾之主因。

余之所以如此重视家族事者，盖吾父于我等幼时，常为述祖父之遗训。祖父好义行，能任事，晚岁居家，创义田，饬族规，扩义塾，辟水利，皆斥产为之，而躬自经纪其事，临终勖余父，以继承先志管理族事为先，功名非所望，但入学明义理可已。余父半生硁硁，守之勿衰，平时屡为余辈述此言，且谓汝大哥作事于外，所沾被较广，勿能夺其志，环顾无可继余任此者，每言此辄叹喟不怡，以三弟夭逝，为余家之大不幸，故易簀之顷，屈余两指示意者，必为弟妹教养与宗族事无疑也，余自此遂决定居家十年，勿复有求学进取之意。

以两个月之时间，习珠算及权量法，整理各种册籍，汇记分类而保管之，延傅企棠伯来余家助收租事。企棠为余乳母之后夫，家中人皆以奶伯呼之，会计则依孝族叔主之，然依孝叔有稚气，非教督覆核之不可。

此半年中最为余痛苦忧患之时期，笔墨书籍，几一概屏绝，无暇及此，亦无心及此也。

民国四年乙卯（一九一五） 二十六岁

家居。

春间事务稍闲，甬上诸友人以余枯守家园，将成心疾，屡屡招往效实小住。然余观同学数人，皆能安心任课，群居讲学，日有进益，返顾自身，儽然在疚，学业成就，自分无望，徒增怅触而已。

余父新丧时，庶母哀戚过度，且不知余与余妇宏农君之性情，常以孤雏无托为虑，半年后渐相习，对余夫妇亦开诚相对，余劝其勿与邻里作深谈，有所苦当直接告余，庶母竟从余言，每晚餐后，必携六弟至余室，命余督之温习，且谈家务，盖庶母性固忠厚，故邻里之言，亦无得而入焉。

余所经管之账目，有吾三家共有之悖睦堂、慎思轩，与族产之大宗祠、义田会、义学会，有本村共有之节爱堂（施棺施药）、水利会及维安会（去年新创为冬防用），皆以田产为大宗，暇辄巡行畎亩间，以先父所绘之图，按坵对视，冀一一识其所在，然记忆迟钝，随记随忘，能忆识之者，不及十之二也。

是年十月，皋儿生。

民国五年丙辰（一九一六） 二十七岁

家居。在效实中学任课，每周五小时（英文及法制），星期五去甬，星期六归。

学为骈文，取洪稚存、胡天游、曾宾谷诸家文集读之，其时外舅教授京师，常来书询余课业，既知习骈文，心勿喜焉，驰书戒之曰："骈文不易学，其弊将窒丧性灵，习为矫作，愿尔以远大自期，勿沾沾于文词也。"然余实心喜骈文整饬有含蓄，虽不能学，辄喜时时翻阅之。

是年春，为公家置田产，受诒于人，忿甚欲涉讼，卒调停了事，吃亏数百金。

是年夏，何旋卿先生辞效实校长，学会同人举余承其乏，余辞不获，又不能离家，乃任其名义，而以副校长属健之表兄，负实际责任。

冬，决定为父营葬事，卜地于王家桥北之山麓，取其高旷坚实，且与吾仲父振家公之域相近也。吾父生前，最关心于戚族友人之丧葬：一归叶源深表伯之枢于安徽，二归魏品怀表伯之枢于江西，均只身长途任之不以为苦，居乡常劝人速葬，且力为经纪而助成之，不迷信堪舆之说，谓此何能福人，然他人既信之，则亦当令地师卜其有无妨碍于他人之墓宅，所谓推己及人，乡用乡法，不能以他人所信者，强指为乌有也。至是余以父丧将三年，乃商于陆氏姊丈，决计以明年为余父营窆穸。

学期既终，辞效实校长，诸友仍劝留任半年。

冬十二月，皓儿生。

民国六年丁巳（一九一七）　二十八岁

家居。仍在效实兼课，每周三小时。

春仲，先父墓工开工，离家甚近，每日往视一次，四月落成，请外舅撰墓表，钱太希君书碑，碑两旁镌二语曰"甲子夕树贞石万千，春郁佳坡。"王仲邕先生所撰，以进穴竖碑之日，适为甲子日也。既成，奉先考妣之枢安葬，思圻兄亦来送葬，谓石工殊不诚实，未照原定计划做到，碍于介绍者，不便处罚，自咎办事无能而已。

入夏后为七妹料理嫁奁，每至南一次，必购若干事以归，盖父母均逝，不得不由余自理之，邻媪均谓书生乃亦解此等事，而大哥则以为躬亲琐细，甚无谓也。

九月，七妹于归董氏，时适杭、绍间有战事，一夕数惊，赖圻兄及望弟同为照料，小舅母亦来余家相助料理。

余自是年起，又稍稍购读新出之杂志书报，恐家居荒陋日甚，将与时代隔绝，且藉以稍解岑寂无聊之情绪。

是年，三姊逝世。三姊体素丰硕，七八岁时患颈疮后，渐多病，自嫁陆氏，以姑氏精强干练，持家劳苦，常未明而起，三姊素不耐操作，勉从姑氏后，且生育儿女四五人，体遂日衰，吾父逝世之年，三姊适归宁在家，曾大病，旋即愈，至本年患胸疾，乃竟不起，思圻姊丈甚伤之，余偕宏农君携泉儿临其大殓。三姊宽厚和缓，状貌性情，在余兄弟姊妹中最类余父，不图亦短命如斯也。

民国七年戊年（一九一八） 二十九岁

家居。

六妹已长未字人，留心物色，迄无当意者。今春以乌崖琴、沈润夫二君之介，与定海马涯民（瀛）君缔婚。当议婚时，余亲往镇海，访乌崖琴君于镇海高等小学校，信宿而归，庶母问定海在何处，如太远，宁徐徐云尔，余兄弟均以马君学行有声于时，且家事简单，遂缔婚焉。

是年二月，长女细儿生。连育三男，乃得一女，且酷肖其母，极爱怜之。

二月，外舅六十生辰，献寿序一篇，携妻儿往祝，留五日而归。（此当移至民国六年。）

十一月，庶妣逝世。庶妣自归先父后，身体本不甚健康，自前年起，乃发觉有肺病，乡间无名医，庶妣又迷信神巫，服药不久即弃去，九月后，疾大剧，至十一月二十六日逝世，遗三弟一妹，又是余等之责任。忆先父弃养时，自谓再越十年，俟六弟成人，即可交卸家事，今不可期矣，与宏农君言及此，辄自慨命运之屯塞也。

冬，遣六妹于归马氏，成婚于沪，伯母及诸妹均伴送至沪，余亦留旬余始归。

民国八年己未（一九一九）　三十岁

家居。

君木师屡劝学诗，有"昔人以曾子固不能诗为憾事，子固何尝不能诗，吾子性情极宜于此事，望勿自馁以副师友之期望"等语，感师相勉之意，今年春间搜罗诗总集若干种，排日诵习之。然偶学为诗，辄粗率不能入目，吟苇先生语余："此事宜未冠时为之，则放手大胆，久亦有成。今尔眼高手疏，都是年龄智力关系，即强学亦难有成，不如辍之。"吟苇先生研究学习心理，其言确中予病，予遂放弃作诗之尝试。

三月，以锡卿宗老（义宁咸和典副经理）之约，结伴游赣，家中事托本源世伯照料。去时由九江乘舆，经瑞昌、武宁而至修水（舆行约六日程），住公和典中，约二旬而归。归途由水道至涂家埠，登岸换乘南浔路火车到九江，凡四日程。余本拟乘此到南昌访熊氏诸世丈，而锡卿宗老思归急，遂同归。过沪因无船留滞四日，盖适值五四运动，沪工商界亦罢业以响应之，故海轮均停航也。

余此次访问赣典之动机，因锡卿宗老决计辞职归里，吾家将无人在彼照料，故从锡卿宗老之劝，亲往一视。经视察结果，觉熊氏股东散漫不问事，典中内容渐见空虚，昔年公积，多半耗于钱店之贷款，不易收回。在修水时，约熊氏派人来商，亦无人来，如此情形，知非可久，归商于大哥，大哥谓鞭长莫及，且我三家股权仅占二十分之三（计二十股每股资本制钱三千贯，余家孟仲季三家均得一股），亦不能独为主张，唯有将存款逐渐提回，以观其后而已。后卒如大兄之言，存款如数汇归，迄收束时，每股收回股本国币三千六百金，亦云幸矣。余家不远数千里在赣西僻县合资经营典业，后人当不知其详，盖余祖父克介公为茶商，每年到江西之义宁州（后改名修水县）办茶，余伯父仲父，均佐祖父经营茶业，仲父逾冠即逝，伯父亦先祖父而殁，祖父年六十，决意归里不复出，而赣人士与祖父感情极好，临别遮留，必欲祖父留一纪念于其地，乃与南昌熊氏合设公利典于义宁州，祖父之意，谓典当所以便民，非寻常商业比也。其后逐渐发展，有同利分典、永利钱庄，并在山口镇以本典名义与人合设咸和典、鼎和钱庄。初时魏品怀表伯主之，其后吴晓卿、章子琨相继为经理，余往访乃在子琨任经理时代。

九月二十二日，宏农君以产后症殁，距季女怜儿之生，才二十余日耳。

宏农君本年妊季女怜儿，以生育太频，气血亏竭，身体殊感疲乏，面色浮肿而黄，且常惴惴，恐产时不安全。夏初某日，忽垂泪相告，谓"夜得噩梦，梦三姊入棺，与多人哭送，忽发现旁有一新棺，署一杨字，此不祥之兆，余将不复为君永久之伴侣矣。"余以梦境无征，百端譬慰之，终不释然，且隐备后事，余不知也。九月，产怜女后，略有血晕，亦仅数十分钟即醒，然六七日后，发热渐高，且右手右足，均感麻痹，知觉神经，亦略有伤损，舌微僵，发语较艰涩，往往所发之音，非其所指之本字，如谓"镜子"为"刀"，以其光泽相似也；谓"尺"为"秤"，以其用途相似也。然此类舛讹，亦不多，且间亦自觉而笑，唯精神极疲顿，延西医丁君茂水诊视不见痊，外伯舅来诊四次亦无效，后甬上友人介一徐姓医来，言能愈风疾，投药数剂，仅服二剂，以外伯舅言中止。迄九月二十二日，气喘甚，招余往榻前，频摇其首，示不可救，执余手言"难过"二字而气绝。其时外姑亦在余家视疾，闻爱女竟逝，遽昏晕，余之激刺，更不忍追记矣。宏农君逝后之一星期内，昏昏茫茫，家人皆恐余成不治之心疾。

十月，殡宏农君于良八房吾母殡宫之旧址，撰长文以奠之，旋托怜女于外家，以宗族公益事交锡卿宗老代管，决明年弃家远适，以减悲忧。

民国九年庚申（一九二〇） 三十一岁

以家事请小舅母居我家，托为照料，泉、皋、皓三儿寄养于宁波儿童公育社，余乃离家赴甬，再就效实中学之聘，担任教科。

儿童公育社为余与黎叔诸君所发起，设所址于鄞县江东，与育德小学毗邻，便于照料也。社中聘王旦文女士主持养育，收幼儿自襁褓至十余龄者十四五人保育之，亦有识字、运动、读书等课目，每一儿童全年纳费六十元，开办及两年，后以来者不多停办。

是年上半年，余兼任《四明日报》社撰述，每日上午在效实授课，下午则至报馆写短评一二则，随感录六七百字，日日如此，君木师最喜阅余之随感录，谓笔墨与思想均非海内报纸所多见，实溢情之誉也。余此半年中，唯一宗旨，为使脑筋不得闲，故逐日工作，不以为苦，唯偶一返里，见细儿襁褓中麻衣如雪，又不免悲感无端矣。

本年二月，四弟妇来归。

六月，应商务印书馆之聘，赴沪任《韦氏大学字典》编译之职，冯君蕃五所介绍也。既至沪，与蕃五同寓于宝山路顺泰里，每日入所工作七小时，张叔良君为主任，吴致觉（康）及曹文奎、于贯一、厉志云诸君均同事，工作余事，喜阅哲学及时事之书籍以自遣，亦常与人通信论学，盖此时之生活，渐由静极而思动矣。

汤节之君发起《商报》于上海，以资金久不集，未出版，大哥及应季审君闻而为言于上海证券交易所赵林士先生等，出资助成之，设筹备所于宁波路，约余为编辑主任，自十月起开始筹备，以阳历一月一日正式出版，此为余正式任报馆工作第二期之开始，初出版时之编辑部同人，有潘公展、潘更生、邝逸虎、陈铁生诸人，大哥任总稽核。

民国十年辛酉（一九二一）　三十二岁

在《商报》任事数月后，觉邝、陈诸人思想太陈旧，对编辑方针不了解，颇苦之。

三月，八妹于归冯氏，嫁事皆舅母代为主持之。

七月，以老友洪承祁君之邀，辞商务职，入中易信托公司，任筹备处文书主任，何旋卿师及德之表哥任科长，十月正式开幕，承祁为经理，盛同孙、俞佐庭任副经理，公司业务分信托及银行两部，然实际乃以证券买卖为主业。余心勿喜就商业，碍于亲友情面担任其事，颇感心理与生活之矛盾。不数月，以上海证券交易所之牵累，公司内部渐不能支，而承祁仍强自支厉焉。

六月，六妹在沪寓逝世。六妹身体本亦虚弱，嫁后操作劳，渐不支，六月间以湿热症遽夭其年，予闻讯临视，已不能言矣，助涯兄为料理其丧。

十一月，太原君来归。

与太原君议婚，系何旋卿师为介绍，初夏订婚，会太原君有失恃之痛，不得不将婚期延展，余竟不获一见王氏之外姑，引为憾事。王氏外舅讳树模，字侯东，外姑张氏，太原君其季女也，予订婚时外舅已九十一岁矣。

婚礼为两家便利，在宁波举行，假江北岸宁波旅社行礼，张让三先生证婚，翌日归家谒祭祖庙，午后返甬，第三日乃同轮赴沪，迁入卡德路广安里之新居，与董廉三君同住。廉三夫人王女士，为太原君之同学，时时对余家事加以指导，而廉三亦与予友善，两家同寓，甚不寂寞。年假后诸儿以公育社结束，均来沪依母以居，唯细儿仍留官桥，怜儿仍留杨氏外家，予至是既破之家，得以复完，又开始一挈家寓沪之新生活焉。

民国十一年壬戌（一九二二）　三十三岁

　　仍在《商报》馆任事。《商报》基础渐立，销行日广，余与公展、更生等夙夜孜孜，以充实内容、改良纸面为事。余每周撰评论五篇，星期日撰短评一篇，（星期日社论栏载每周大事述评，公展主持之）自以学识寡陋，深自韬匿，社交宴会，不常出席，即同业之间，亦鲜过从，故沪上报界罕有知《商报》编辑部系何人主持者。为鲁案直接交涉事，与《中华新报》反复辩难者约旬日，彼报主笔张一苇（季鸾）君许为论坛寂寞中突起之异军，转辗询问，始知余及公展之名，某日特往访谈，自此遂订交焉。

　　三月，中易公司结束。中易公司内容早已空虚，不能复支，承祁忧愤得疾以死，协理俞佐庭事先引退，盛同孙君亦束手无计，会上海证券交易所宣告停市，因之牵动，遂停止营业，宣告清算。开股东大会日，李云书君主席，众议纷纭，责难甚烈，几不得下台，幸甬籍同乡多人在席上发言，赞助董事会，始获决议。是日盛君同孙震惧不可名状，余为会场纪录，事先准备尚周，于股东未散会前，即草成决议案，正式誊入记录簿，由主席请到场股东代表二人洪雁宾、乌崖琴共同签署，议遂大定。散会后即日脱离，自谓此后宜不复再入商界也。然余所认购之中易股票二百数十股，则已成为废纸矣。

　　自去年以来，所谓"信""交"事业，纷纷兴起，有如疯狂，至本年乃均牵累倒闭。余家向民新银行入股最多，计季房七千五百元，仲房五千元（现金不敷，有半数以抵押借欵充之），至是民新亦被牵累停业，而余个人所购如神州公司及中国商业公司股票，亦一文不值，综计结果，季房部分损失现金五千元，两家实际亏负达一万七八千金，余个人经济濒于破产，而欠人之款尚在八千金左右，诸弟均幼，宜由余负其责，乃约友好集一钱会（分十会，每年还一会）得五千金，出售仲房在二六市之田产四十亩得二千六百金，始获清偿。初意原期稍获盈利以为诸弟及子女教养婚嫁之资，乃不谙商业，获此结果，然仲房尚余田产百亩，大部分尚幸保全，此心亦无所忧戚。独念先君遗赀，耗损至此，对诸弟殊无以交代耳。

中易公司结束后，改入商务印书馆交通科任事，科长庄百俞、副科长张叔良，余所任者为第二股长，司广告编撰及出版图书提要审查事，月薪百二十元。

民国十二年癸亥（一九二三） 三十四岁

　　仍在《商报》馆任事。汤节之君以营业折阅经济破产，乃将商报让渡于新公司（以中国通商银行为后盾），李征五先生改任总理，徐朗西任协理（仅拥名义），编辑部中无更动，后以本埠新闻编辑沈仲华辞职，改聘朱宗良君继任。自本年起，《商报》论评改用署名制。盖余等原定不署名者，谓执笔者虽为个人，而文字则代表报馆之意志，故采用各国新制，然于当时中国报界为创见，外间不察，反谓《商报》无自撰之社评，乃决定更改以从俗焉。余在日报上署名"畏垒"，自此年始。

　　五月十九日，四儿积皙生。

　　六月，辞商务印书馆交通科事，改就修能学社之聘为国文教员，月薪九十元（此款充沪寓家用，允默节约支持，略足敷用，而《商报》所入，则以还债且备特支，因馆薪常欠发也）。"修能学社"为秦润卿君所创办，冯君木师任社长，钱太希、朱炎父、沙孟海皆为教员，余每日下午前往任课四小时。

　　是年曹锟进行贿选，《商报》明揭反对之帜，同人等皆不避艰危，力持正论，甚为社会所重视。

民国十三年甲子（一九二四）　三十五岁

　　仍任《商报》馆事。《商报》出版已满三年，社会上渐有声誉，余等益奋发自爱，公展、更生诸君皆事繁酬菲，而每日到社未尝稍懈，同人相处之和洽、精神之愉快积极，在望平街中为仅见。余是时撰社论渐觉纯熟，自信心亦加强，于政治外渐涉及文化、社会、国际时事及工商诸问题，读者常有投书慰勉并寄文稿者，而一般知识分子及青年，对商报尤爱护备至，每值新年增刊，一经去函征文，无不应者，益信耕耘必有收获也。

　　正月，七妹逝世。七妹体本强健，然董氏为大族，中衰以后，旧规不改，礼教繁重，嫁后时感抑郁，去年得瘵疾，就医保黎医院，疗治罔效，竟尔长逝，年二十八岁耳。

　　六月，通商银行总理傅筱庵先生嘱王心贯君来约余入彼行相助，心贯虽业商，而通瞻有识，爱读余之文字，谓傅君宜有一明晓近代大势之人以为助，两度见访，敦劝备至，余为感动，商于君木师及大哥，遂应其聘，以六月辞修能教职，入通商银行任文书员，月薪七十两。与贺寀唐先生（师章）同室以处，贺君阊阖中之君子也，皎然独立，德行甚茂，与余相处，有如昆季焉。

　　是年齐、卢战起，外姑及五妹家均避居沪上，匝月始归。《商报》以反曹关系，袒浙而抑苏，然卢永祥军卒不振，孙传芳入浙后，《商报》又一贯反孙，在政治立场上与在粤之中国国民党如出一辙焉。

　　七月二十三日（阴历）五儿积皑生。时余方以本埠新闻栏论评激烈，被工部局控告而受审于会审公廨，几受缧绁之灾，卒以克威律师之辩护，罚金了事，同受审者，《新申报》及《民国日报》。

民国十四年乙丑（一九二五） 三十六岁

仍任《商报》馆事。继续担任通商银行职务，每日十一时到办公室，下午五时退，即至报馆搜集材料，不常归寓晚餐，而夜中必三时后始归，诸儿女虽在沪，与余接触之机会甚尠。

《国闻周报》社胡政之君来函约余每周撰时评一则，月致薪金五十元。闻声相慕，亦足感也。

是年，曹锟被逐，段氏入为执政，北京政局一时颇有澄清之象，《商报》以主张去曹竟得贯彻，同人均感兴奋，对执政府之措施，时时著论，以善意而严正之词评骘之。

三月十二日，中山先生病逝于北平，《商报》著论哀悼。《时事新报》同日有论评，竟谓中山先生之精神早于与陈炯明决裂时死去，今不过形骸逝去而已。余次日著《精神的死与形骸的死》以辟之。

九月，为五弟成婚，以福康里楼下前厢为新夫妇之居室，居约两月，五弟别赁屋虹口以居。

五月三十日，工部局警务头目爱佛生发令开枪击毙南京路游行群众学生工人多人，上海商工学界均哗然，罢市、罢学、罢工风潮，日益扩大，《商报》每日撰论，指导各界行动，监督政府交涉，首先主张缩小对象，俾罢工工人不生困难，继于交涉中主张以惩凶及保障为第一义，应拒绝接受赔偿金，许秋帆交涉使竟因此不敢遽接受英方七万五千元之支票。盖在整个五卅运动中，余与公展每日注视事态发展，间亦亲至各团体访问消息，交换意见，故能把握问题中心，而所有议论，均能在群众中发生影响云。

自是年起，中国共产党人，益注意《商报》，在《向导周刊》

中常转载《商报》社论而评注之，且时有彼党分子投函于商报，对余等极尽拉拢之能事，然余与公展坚持中国必须以各阶级联合之力量，倒军阀而争回主权，全民革命之旗帜终始鲜明，久之彼党亦悟余等非可引诱者，乃放弃其企图而攻击余等为小资产阶级意志甚浓之分子，谓余等之言论不能彻底云。

民国十五年丙寅（一九二六） 三十七岁

仍在《商报》馆及通商银行两处任事。

一月一日，《商报》出版满五周年，发行纪念特刊，大哥撰《五周年宣言》，余撰《五年来之回顾与前瞻》一文。是时《商报》本外埠之销数共约一万二千份，然上海之读者尤多。报馆经济始终困难，欠薪常三个月以上，有时纸张亦不继，穷困异常，然社中上下振奋团结，甘苦相共，某日无纸印报，余与营业部某君各出三十元，机器房工头余君亦罄其余囊二十元，凑集纸款，临时购买，次日仍照常出版。

是年，李征五君辞经理，方椒伯、乌崖琴两君来任经协理，方君不解事，亦不常到馆，乌君更隔膜，潘君更生不乐引去，公展亦渐不安，余苦心调剂之，然终觉前途渐黯澹矣。

春间，邵力子先生衔党命自广州来沪，约上海报界宴会，说明革命局势，并携蒋总司令亲签之小影赠余，谓蒋公对君极慕重也。（此或为十四年下半年事，待查。）

八月八日（阴历七月初二），六儿积明生。十日起余忽觉恶寒恶热，热度渐高，延医诊察，断为伤寒，有时谵语不绝，允默忧甚，虽在产月，而强起调护，辛劳备至，两星期后，热度始退，然疲乏殊甚，在寓休养两月，始恢复如常。

余病假二月，在《商报》为最多事时期，更生既引去，公展独支全局已甚辛苦，会北伐军克武汉，《商报》以大字标题记载特详，引起董事会中谢衡牎、林孟垂诸君之惊恐，谓本报何能开罪吴子玉，言于傅君筱庵，傅君不信，谓布雷温和慎重，所主持之方针必不谬，然彼在病中，潘等如何则不可知，乃派叶伯允君往《商报》审查言论及新闻，公展怫然不悦，余病中闻之，力言一切余可负责，即欲派人，须余病愈面商，此时任何人入编缉部，必有害无益，设竟解体，余不任咎也。董事会乃不复干涉，然公展之能力，为同业所钦重，《申报》史君遂乘间延揽，及余销假，公展即翩然去职，改入《申报》任事焉。

病中为五弟筹措学费，遣之留学法国。除贷借于亲友外，余凑集千元以助之。

十月至一月，在《商报》勉支残局，要闻由胡君仲持主编，商业由冯君柳堂主持，然两潘先后引去，余若以一足承全鼎，抚今念昔，怅怅不怡。是时有一事足使余感奋者，则叶誉虎君在北京闻余病，特寄三百金助药饵资，且道相念之深，叶君去年至沪曾约余相见，且谓沪上友人曰：全国报界中主持社论之人才寥寥不多得，其论议周匝，文字雅俊者，在北惟颜旨微，在南惟陈畏垒而已。傅筱庵君常为余述之以为荣，余自以为文字识解，在南不及张一苇，在北不及颜旨微、陈博生，而叶君顾推重如此，可为愧悚也。

是年年终，乘报馆休列之便，约潘君公展同游南昌。北伐军克服鄂境后，彼中友人屡有寄语，盼余及公展以记者资格前往视察，兼可晤党中诸先进，某君并传述蒋公盼余等相见之意。余以北伐军行将达长江下游，《商报》之编辑立场素支持国民革命，而董事会诸人与孙馨远关系太深，必不能相容，遂决意西行一游，暂解处境之困。遂与公展携仆人王三同搭江轮赴赣。临行前二日，往晤傅筱庵君，犹诡称为我家修水公和典铺事而往，傅君谓君不必隐讳，此行目的，余已知之，今且别，请赠余以言。余谓"局势变化日剧，君宜谨守商业本位，勿慕虚荣权势，勿趋附军阀官僚，对大局之观察，一以虞洽卿先生之意为准，则必可免于咎戾。"傅君虽诺诺而未能全纳余之劝告也。

民国十六年丁卯（一九二七） 三十八岁

　　阴历岁除抵南昌，阅三日往谒静江先生。翌日，蒋公自牯岭归，偕公展往见，谈约一小时，对北伐局势及人心趋向与收揽党外人心及现阶段革命方略均有所指陈。又二日，蒋公再约谈，坚劝余及公展入党，余等以党的政策与主义之未尽明了处提出请教，蒋公一一解答之。余等请假以考虑时间，蒋公谓："君等在精神上早为本党同志，入党与否，本无关系，然国民救国为人生天职，加入以后则力量更有发挥之处也。"

　　二月，加入中国国民党，隶组织部之直属区分部，蒋公及陈果夫君为介绍人，公展亦同时加入焉。

　　公展居赣旬余先归，余以蒋公意暂留，并迁入总部西花厅居住，前室张总参议岳军所居，而对门则黄膺白先生之室也。蒋公每三四日必招往谈话，间亦嘱代拟文字，在南昌发表之《告黄埔同学书》，即蒋公口授要旨而余为之起草也。在南昌所见，党政要人为谭组安、李协和、朱益之、陈公博、郭沫若诸君，而邓演达则以时间相左未及晤谈。蒋公询余此后志愿，余以仍回沪作记者对，蒋公韪之。

　　三月，自南昌动身赴汉口（谢传茂同行），住旬日即起程回沪，则上海已为北伐军所克复矣。

　　《时事新报》及《商报》均约余任主笔，允两处兼任。余以《商报》已无可为，《时事新报》内情复杂，两皆却之。

　　四月，以邵元冲君及张静江先生之意，被任为浙省府秘书长，赴杭就事，寓贝庄，旋以常务委员马彝初君专擅，不善其所为，而南京友人均盼余往助宣传事业，遂于五月下旬辞职赴京。

　　到京后任中央党部书记长，主持秘书处之委员为胡展堂、丁惟汾、陈果夫三君。余对党务诸不熟悉，任此职颇感不胜任，数月之间，去旧业而改入公务生活，常觉个性与任务格格不相入，且以平昔期待于革命者至深，今以事实与理想相印证，乃觉党内意见纷歧，基础殊未稳固，念国势之危殆，忧革命之多艰，常忽忽不乐。八月间，宁汉分裂之迹更显，蒋公命余先期为准备辞职宣言，愿引退让贤，以促成团结。十三日蒋公及诸元老，卒翩然离都，余亦于十八日离京返里小住，如释重负焉。

十月仍由乡返上海，以潘公弼君之约，为《时事新报》任特约撰述，每旬日寄社论三篇，月薪百五十金。所寄之论文，以说明党的历史与党政制度者为多，间亦对左派幼稚之论有所指正焉。

冬，蒋公漫游日本，事先曾嘱张岳军询余能同行否，继知余不谙日语乃罢。

民国十七年戊辰（一九二八）　三十九岁

一月，蒋总司令以各方敦促入京复职，重整军备，继续北伐，余亦被约同行入京，既抵京，寓铁汤池蒋公馆者旬日，继又迁寓总部之西花厅，曾文正公旧所居之处也。蒋公有命余任总部秘书长意，嘱立夫转询，余坚谢之，立夫为余返报曰："陈君书生，繁剧似非其所堪，不可强以要职。"蒋公遂罢斯议，其时任办公厅主任者，则吴思豫君也。居西花厅时，蒋公常招余谈革命前途，对余多所启迪，一日问余："君自择之，愿任何种职务？"余谓余之初愿在以新闻事业为终身职业，若不可得，愿为公之私人秘书，位不必高，禄不必厚，但求能有涓滴为公之助，然机关重职，则非所胜也。蒋公笑谓：何能以君为私人之秘书。已而《中央日报》社长潘宜之来京，蒋公告潘约余为《中央日报》主笔，然《中央日报》有彭浩徐（学沛）任编辑部事，成绩甚佳，何可以余代之，遂亦坚辞焉。留居匝月辞归，临别谒辞，仍请蒋公助成余办报之志愿，蒋公许之。回沪以后，乃与《时事新报》商订合作之约，电告蒋公于徐州，得复许可，遂入《时事新报》为总主笔，主持彼报之社论。

在沪兼办戊辰通讯社，使《商报》旧人略有安插，然非余志所存，盖当时通讯社太滥也。

与戴季陶、邵力子、周佛海、陈果夫诸君，创办《新生命》月刊，后交佛海全权主持之。

八月，北平克复，随蒋公由南京转武汉赴北平，力子、立夫、天放诸君同行。途中起草辞总司令呈文，到北平后寓西山碧云寺，为蒋公撰拟《祭告总理文》，约留旬日而归。是年冬返里度岁。

民国十八年己巳（一九二九） 四十岁

　　仍任《时事新报》总主笔。余在《时事新报》，奋斗至为艰苦，盖党员只余及王新甫二人。程君沧波亦尚未入党，其余均对革命无信仰，如赵叔雍、周孝庵等则反对本党甚烈。同事思想复杂，又不明中央政治之真实情况，恣意抨击，以唱高调为能事，而社中主持者，又唯以营利自图，潘君公弼任经理，亦相与委蛇而已。余在社年余，凡所撰著，一以完成革命救国为立场，顾措辞必力求平实，一般以为不及在《商报》时之勇敢，然中央诸公则以为如此宣传，在统一国民见解上较为有效也。即如十七年五月三日，国民革命军抵济南，日本军阀横出阻挠，陈师鲁境，辱我官吏，残我民众，宇内激昂，余首撰《暴日膺惩》一文以示国论之所在，继思北洋军阀未除国内尚未统一，何能对外开战，乃韩移论锋，倡为"统一第一"之口号，督促国民革命军一意北伐，勉国民忍辱负重，澈底图强。其时有《民众日报》者，以别有政治作用，大唱宣战之论，与《时事新报》辩难甚烈，然卒无以折我所言，其后国府主席谭公以宣传方针密令沪上党报遵照，乃与余所揭橥者合符，沪上论坛，亦以《时事新报》非《民国日报》之比，认为此论正确，相率共鸣，盖在党的力量未能深入社会以前，固赖党员在非党机关多方奋斗，而后其效力乃大也。

　　本年春，以沪市党部代表资格，参加第三次全国代表大会，被选为中央候补监察委员。事先，余曾提议"凡入党不满三年者概不得当选中央委员"，以绝幸竞之风，而保持党的纯粹性，然主席团恐引起争议，未予提出。及选举揭晓，又复上书胡、谭诸公及蒋总司令力辞，然以党中向例，既被选者，不得请辞，卒未获许可。余以主张不遂，且深忧党中此后将以争竞地位而多事，故对于当选，滋以为戚焉。开票之夕，尝为沈卓吾、张道藩二同志述及此意，两君皆以为然。

七月，随蒋总司令再赴北平，《时事新报》社论之编撰，则托程沧波君代之。此次北上，为视察北方党务与阎、张（学良）等商军政要计，力子先生因事未随行，故蒋总司令调余及周君佛海（时任中央政治训练部主任）同行，在平约留二旬，起草讲词及谈话等若干篇，且遍游平郊名胜，觉此行甚有意义。及过南京，乃闻张静江先生提请以余任浙江省教育厅长（盖大学区制取消，蒋梦麟君调任教育部长，浙江大学之教育行政事务，须移交于新制之教育厅。静老商于稚晖、子民诸公，均主余任之）余不谙教育且愿在新闻界久于其业，自信以过去之成就，若继续致力，可为本党培养一点宣传力量，较之从政，功效必远过之。故闻命之后，即向蒋公表示不就，蒋公赞成余意，归京乃向中央政治会议两次呈辞，然均不蒙许可，遂归沪上，拟稍缓再续辞焉。

是年五月七日（旧历三月二十八日）积乐生。是年为蒋公撰文字甚多，《革命与不革命》、《三次代表大会感想》、《今日党中几个重要问题》，以及在平时《对新闻界谈话》、《欢迎美记者团》与《青年地位及其前途》，皆余所起草者。

八月，就任浙江省教育厅长。余归沪之日，辞意甚坚，然终于担任者，则以《时事新报》主者误谓余必以人仕为荣，总经理张君竹平一见余，即以升迁相贺，余颇疑其意在借此使余离社以保持彼报之所谓"中立性"，乃不欲再任《时事新报》事，此为一因。而其主要原因，则静江主席以瘫疾之身，两次造余寓庐相访，谓君性情温和，且得人望，吾浙省府正欲得一味甘草以调和党政之间，为桑梓计亦不可辞，言之再四，意极勤恳，感于气谊，不忍过拂其意，遂向报馆辞职，强为尝试焉。

八月，中旬到杭州就职，以省教育会旧址为教育厅。任郑晓沧、冯季铭、林黎叔为秘书，晓沧兼第一科长，罗廸先代第二科长，赵步霞（冕）为第三科长，黎叔兼第四科长，并任命督学四人，用人取超然主义，以打破学派观念为整顿之前提。对于省立各校，均暂仍其旧，教育界中人皆以余之作风为非其意料所及也。（盖彼辈初时必以为高校同学将势力增大，而余所引用者，乃只何酉生、李于翰、张任天等三四人，且均为科员，故时论颇以为异。）

九月起移家寓杭州，赁湖滨虞庄暂住。年终回里一行，五妹在家治馔，祝余四十初度，思圻哥亦与焉。

民国十九年庚午（一九三〇） 四十一岁

仍任浙江省教育厅厅长。余于教育行政，未感如何兴趣，入手之处，期于安定中谋进步，故对内似偏于无为主义，仅在社会教育方面创立一民众教育实验学校而已。然于省政方面，调协各方，疏通隔阂，并力陈人民意见与社会利病于静江主席，则未尝不竭尽心力，黎叔谓余在省府委员之职责上可云勇于负责，而对教育厅之本职则未免过于消极，余亦自承以为不谬也。

是年春第一次全国运动大会举行于杭州，撰大会宣言，季陶以为发皇蹈厉之文。

移寓于小莲庄，刘翰怡先先之别墅也，颇有庭园花木之胜。

以省费考选留美学生七人，分习应用化学、矿冶、土木工程、电机、机械及水利诸科。

夏秋之间，以西北军阀抗命，阎、冯联合称兵，有陇海路之战役，蒋总司令督师柳河，辛劳备至，力子、佛海均相从于列车中，亲冒矢石，甚至饮水不继，常五六日不澣濯，其苦可知。及九月间克郑州，力子先生已疲甚，乃请于蒋公，命余即往前线，余既抵郑州，而开封亦下，冯军大半投诚，战役遂告结束，余仅受命撰拟文字一二篇，代拟《告中央各同志书》，及常务委员提案。遂东返留京小住，复随蒋公往居溪口约一星期，仍回杭州。

出席第一次中央全体会议，奉命偕叶琢堂先生劝静公辞浙省政务，专任建设委员会事，吴稚老力赞之，静公欣然许诺，乃完满解决。

十月，浙江省政府改组命下，张难先先生为主席，各厅均更动，余仍留任，然难先迟迟未来接事，余亦奔走京、沪间，不常在杭州也。

十一月，接行政院秘书长电嘱，即赴京一行，余不明其故，即夜附车往，既至则知蒋公将自兼教育部长，而欲调余入教部相助也。教部之改组，由于李（石曾）、蔡（孑民）两系之龃龉，石曾先生方面常视蒋梦麟为蔡所提挈之人［不但对蔡不满，且对于现代评论派之人物亦不满，而谥之曰吉祥（胡同名）系］，然石曾先生所汲引之人如易培基（劳动大学）、褚民谊（中法大学工学院）、郑毓秀（上海法政学院）及萧蘧（中法大学）、谭熙鸿等在平、沪等处办学成绩极不佳，且常蔑视教部法令，教部屡欲裁抑之，石曾先生以为难堪，主张去蒋梦麟甚力，吴稚老于李、蔡均友善，而尤同情于李，乃提议以高鲁（天文学者）代梦麟为教长，将通过矣，而胡展堂先生反对甚力，即席声言："高鲁何如人，乃可托以教育行政之重任，岂不羞天下之士！"蒋公不得已，乃请于高鲁未到任以前，由蒋公以行政院长名义自兼教育部长，而以李书华（润章）为政务次长、润章则石曾先生所提挈之人物，而在李氏系统中为最纯谨公正之人物也。蒋公既自兼部长，因欲以余任次长，故由吕秘书长（蓬孙）电邀到京相商云。余既至京，适开国务会议，而蒋公在牯岭，余乃走谒戴季陶院长，始悉国府已内定余为常务次长云。念教育行政，非所素习，而此职将调和两大势力之间，尤为复杂而繁难，不知何以副蒋公之望耳。

到京之第三日，接蒋公牯岭来电，邀余及立夫随稚公往庐山一谈，乃与立夫自京乘邮航机前往，此为余第一次乘飞机。既至牯岭，蒋公促余早日赴部接事，且命之曰："教育为革命建国要计，凡事当请教于吴、李、蔡诸先进，然必勿堕入派别之见，总之不可拂李、蔡诸公之意，亦不可一味顺从李、蔡之意见，宜以大公致诚之心，斩绝一切葛藤，而谋所以整顿风气，至于政府及前教部所行整顿大学教育与整肃学风之政策，则须排除万难以贯澈之，不以人事关系而稍为迁就也。"

回杭州一行，结束厅务，邀黎叔、子翰、酉生、祖望入教部相助，厅事俟新厅长张道藩同志到任接收，余即匆匆赴京。

十二月，接教育部常务次长事。前次长刘大白先生代办移交后回浙，部中聘前常务次长朱经农君为特约编审，接收之际，同学赵述庭君相助之力为多。赵君，教部原任之参事也。

与政务次长李润章君商定办事手续，凡以兼部长名义发出之部令，均由余二人会签负责，重要者以时报告于蒋公，因蒋公不暇到部也。润章笃实长厚，初相遇犹不相知，继则性情浃洽，知余坦白无他，同为书生本色，遂极相得焉。

民国二十年辛未（一九三一） 四十二岁

在京任事，寓中央饭店，辟一室以居，未携眷属同住，所居为普通旅客之三等室，仅自加一书桌而已。友人过者常笑余为真能以官为传舍者。余非有所矫饰，实以性不近于从政，常思有机会受代而去，故全家人居沪，以免迁住之烦，此种僻性，未合情理，然当时却以此为安，对职务方面，则未尝有所旷怠，即星期假日，亦不常回沪寓，一岁中仅归省六七次而已。

在教部常务次长任内，以处理学潮及调整大学教育方面较为尽力：（一）整顿劳动大学，停办劳大附中，并贯彻劳动大学停止招生之命令（此事沪市府协助之力最多）。（二）平定清华大学风潮。（三）厉行国立院校会计报销。（四）整顿光华大学，以部令停止教授罗隆基之聘约。（五）整顿上海法政学院及中法工学院。（六）解散北京俄文法政学院，调整北平大学组织（以沈尹默先生任校长）。至于中等教育，则以重质不重量为主，对地方教育行政，以整理学产及普及小学教育与义务教育为主，独对于社会教育部分，余主张质量并重，而司长李蒸（云亭）专务扩充各省社教经费，以李次长信任云亭，余亦不得不取同一态度焉。

二月二十八日，胡展堂先生以政见关系（反对训政期约法及国民会议），辞立法院院长职，屏居汤山，继迁入城内黄龙巷暂住，此事几引起政潮，党外人士尤资为讥刺口实，余在京目睹其事，深为本党前途忧之。更有感于党人先进者意气之盛，执政当局负责之难，益视政治生活为畏途，几欲净劝蒋公引退焉。

六月，举行中央全体会议。中央决定以李次长署理教育部长，而任命余为政务次长，钱乙藜（昌照）为常务次长。余复被推任为中央宣传部副部长，其部长则刘芦隐任之，而另一副部长乃程君天放也。

五月，得留法友人来电，五弟行叔以肠疾殁于巴黎。病起已久而不以相告，卒致客死异域，闻讯悼痛，几于晕绝。四弟方任教于中央大学史学系，得电后邀之来寓，以凶耗告之，四弟闻而大恸，以道远不能归骨，乃电托邵鹤亭、毛无止君等为葬于巴黎，此余毕生一大憾事，亦毕生一最大伤心事也。

是年夏，长江大水为灾，居南京度夏，有如深秋。

秋间拟为诸弟分析田宅，已定期与望弟同归，且准备一切矣，沈阳变起，乃不果行。

九月十八日，日军突攻北大营，沈阳沦陷。蒋主席闻讯次日即起程回京，变起非常，全国民意激昂，社会群情惶惑无主，而党中元老之不在中央或故树异帜者，复推波助澜，以长攻击政府者之气焰。蒋主席忍辱负重，决定按照国联盟约及非战公约与九国公约，诉之于国际之公论，一面则严令东北当局，节节抵抗。然东北军骄逸性成，不能遵奉命令，达成任务，日军复锐进侵略，以至失地日广，三省相继被占，而内外责难更纷然杂起矣。

沈阳事变起后，中央宣传部事务顿见重要，部长刘芦隐久不来京，余与程君天放乃不得不负责任事，自是余遂以教育部事委托钱次长，而每日到中央党部办公，一切与天放协商而行，天放对国外宣传多负责任，而余则对于宣传方针之制定及国内宣传之指导多负责任，两人分工合作，至为和洽，其佐理者为秘书方希孔、朱云光两同志，而云光之尽力为尤多。

中枢设立特种外交委员会，戴季陶、宋子文两君分任正副主任委员，余亦被指定为委员之一，每日七时必集会，外交部部长、次长均列席，报告消息及使领馆情报，当场决定应付办法，由外交部执行之。有时起草文件，戴君常以属余，故每日上午必十一二时会毕乃得至教育部办公一小时，而午后则均在中央党部，即晚间亦往往在中央宣传部办事，常至十一时后始归寓。学生团体来京请愿出兵宣战者不绝，大队集合于中央党部及国民政府，提出种种要求，常有不逞之徒从中煽动，故意与政府以难堪。唯蒋主席始终保持中和严正之态度，对青年学生绝不取压迫之办法，故两三月间，至京请愿者无虑五六万人，而卒未发生一次冲突，其行动越轨者，亦只以警察徒手驱散或弹压之而已。所谓粤方委员之在沪上者虽欲造成惨案而终无间以入也。此一时期中余在职务上偏重于宣传方面，间亦奉蒋主席命办理特种文件之撰拟，每日工作常在十二时以上，所歉然于心者，则身为教育次长，未能助李代部长平息学潮，致使首都要地，发生殴辱中央大学校长、教员等事件耳。

国联行动迟缓，英、美意见未能一致，日寇益鸥张，反政府分子之结合破坏亦愈烈，中央蔡、张（溥泉）及陈真如等力主斡旋宁、粤合谋团结，蒋主席亦以内部不臻统一，无以对外，于举行第四次代表大会容纳粤方选出之中委后，决定委曲忍让，请胡、汪、孙以及粤系委员共同来京开会，然后辞职。嗣接胡电非蒋公先有辞职表示，不允来京。乃于十二月十五日向中央常会正式提出辞呈，将国府主席、行政院长及陆海空军总司令本兼备职一并辞去，常会接受辞呈，选任林委员森代理主席，陈真如代行政院长，而十七日孙委员科乃率粤方诸委共同来京，然胡、汪二人仍在沪未来，仅陈璧君先来耳。

余是年在京，意常不乐，每思引退，重作记者，或教书自给，故客居旅舍，不另赁屋，及第四次代表大会开会期近，乃觉中央饭店不可久住，否则应酬谈话将不堪其扰，爰暂赁梅花巷一宅以居，及蒋主席辞职，乃决心共同引退，遂我初愿，不料行政院最后一次会议复发表余重回浙教育厅厅长之任，两次固辞，均不获请，甚为怅怅。及第四届第一次中央全会将开，被推为全会四秘书之一（秘书长吴铁城，四秘书者曾仲鸣、梁寒操、程天放及余也）。方拟会后回沪，乃于全会秘书处会议中，发觉宁、粤界限依然森严，梁君甚至提议文书、议事科长宁、粤各推一人，如此相猜，毋乃太甚，遂于十二月二十日夜谒陈将公，即夕束装，留书铁城先生，于十二月二十一日浩然返沪矣。计自去年十二月廿二日接教部事，迄离京之日适满一年，可谓巧合，先是阴历五月间，大哥在京任国府参事，某日约同君海先生啜茗于鸡鸣寺，余偶求得观音签问何日可辞官归里，签语有"一朝丹篆下阶除，珠玉丰余满载归"之句，签解又有"官非宜解"之语，余先阅签解，嗒然若丧，意谓"官不宜解"则无解官之望也，大哥曰不然，曷不作三句读，即官、非、宜解，岂非即遂汝所愿乎。余乃恍然曰："得之矣；所谓'满载归'者，殆即谓满一载乃许汝归耳。"自是常为友人言之，力子、佛海、志希诸人均知其事，至是果验。自京归沪以后，恍如重负顿释，每日对妻孥闲谈或市小食共饮或出游，意态闲适。然鲁主席已先赴任，屡催余到杭接事，则又为之败兴不浅耳。

民国二十一年壬申（一九三二） 四十三岁

一月，赴浙接任教育厅长，寓葛岭路乐庐。发表钱均夫先生及黎叔、酉生为秘书（酉生以督学调秘书室服务），陆步青、罗迪先、张任天、李子翰为第一、二、三、四科科长。

蒋公来杭居住约一周，汪亦来杭相会，于蒋公处初见汪先生，汪嘱余常过彼处谈话，意极殷勤，友人谓彼之对人往往如此，然人多不信其有真诚也。蒋公在杭时，有金陵大学学生八十余人来请愿，意在吁请重出督率国军与日作战，蒋公自以在野之身，不便延见，嘱余及许绍棣君劝止之，诸生乃归去。

一月下旬，布置厅务大致就绪，回沪稍作休息，然沪上日军屡作挑衅姿势，特务机关及领馆无理取闹，要求取缔排日运动，解散排日团体，其意甚恶。余恐沪、杭车中断，遂于一月二十六日回杭，留眷在沪，殊不放心，乃未及二日，而一·二八之战事以起，一家七八口，均赖余妇独承其责，沪、杭电讯迟滞，久久始通，旋知暂避于合众公司楼上，于阴历年底归甬返里，中间曾传皋、皓两儿失踪，在杭闻之，为之焦急不置。二月间回沪一视家人，允默决整装再返慈溪，盖沪战仍继续进行也。

一·二八事起之前旬日，南京政枢动摇，行政院长孙科离京赴沪，陈友仁任外交部长，高唱宣战，蒋公既发表《独立外交》之论文（邵元冲拟初稿，而余承命润色之），复不忍中枢扰攘无主，乃与汪相约人京共同负责。既抵京而沪战即起，即日决定政府迁洛阳，蒋公护送至中途，仍回京坐镇，并督十九路与第五军（八十七、八十八两师）作战，当时一般舆论震于蒋光鼐、蔡廷锴、翁照垣等之宣传，均以为只有十九路军能抵抗，慰劳之仪物，亦只送十九路军各部，然第五军艰苦作战，绝不自暴，蒋公曾电张治中军长曰："在前线必须让功舆十九路军，只期歼敌，切勿有所争竞，即有不能堪者，亦必为国家忍辱负重，当知在此生死关头，与十九路军应视同一体，外间毁谤一切置之，如外间不知我八十七、八十八两师同在苦战，正吾人所求之不得者。今日之事，汝等与十九路军同一运命，生死且与共之，况于荣辱何与。"（此电文只记其大意，词意与原文或有出入。）如此精诚，真堪泣天地而动鬼神者也。

三月下旬以蒋公电招赴南京，见市况萧条，政府各机关均仅有驻京办事处，熟人多不在京，余承命代拟覆长兄介卿书，（答来书不遣援兵不增军队之责难，后弃置未发表。）及辞不就军事委员会委员长之辞呈，（此事后经朱益之、何敬之两公切劝，蒋公允就任，故亦未发表。）居京五日而归杭。

军事委员会成立，发表余任秘书处长，未到任前以李仲公代。余去电呈请收回成命，以仲公先生为北伐时总司令部之秘书处长，未可以余居其名而令彼代行。书上不覆，继而蒋公命人传语，瞩余专心在杭办教育，暂不必到任，仲公当为负责云。

余此次重任浙教厅长，实亦甚违素愿，然鲁咏安主席特相倚重，而民厅吕君蓬孙、财厅周君枕琴、建厅曾君养甫及省委杨君绵仲等与余均极相得，同甘共苦，感情孚洽，更以蒋公重视苏、浙、赣、皖，谓必巩固地方，培养实力，乃足以根本御侮，余亦下得不奋勉自效焉。到任后二月，察知浙省学风，承九一八学潮之后，亦渐有浮嚣盲动趋向，乃发表安定教育秩序一文于浙中各报，以示整顿学风之决心，同时对内则饬各督学勤加视导. 举行公私各校校长会谈以加重其责任观念，并与省党部及警务机关密切联络，防止校外恶势力煽惑青年，卒相安无事。浙省学风素极纯朴，反动者知无可乘，渐渐引去或销匿，不久遂复旧观。

是年夏，仍迁入小莲庄与大哥同住。大哥是年遣眷回慈而独留杭州，兄弟晨夕过从，四弟任省立图书馆馆长，亦常来谈，最得骨肉相聚之乐。惜余忧时感慨未能从大哥商讨文艺为可惜也。夏间，允默挈儿辈均来杭同住，乐儿已五岁，能认方块字，公余回寓，常携儿出游，余第一次在浙任事，不常作湖山之游，是时始知游息与作事不可偏废，每值休沐日，亦常登临游眺，间亦观电影，西湖大礼堂常有余之足迹焉。

浙江财政以债务费支出过多，收支不敷本巨，二十二年度之概算，编制颇难适合，建厅专务扩张事业，财厅则不胜保安经费与建设费之负担，而中央方在暗中布置国防，浙省担负经费日增，以致预算会议久久无结果，鲁主席忧形于色，未能裁决，余首倡紧缩之议，愿从教厅及教育费作始，主张机关经费及事业经费均以八折及九折分别扣减，而国防建设则十足支给，如计完成。曾君养甫问余教育方面办得到乎？若教厅能行，则建厅亦照减，卒以此原则定议。事后黎叔又谓余："此又君勇于作省委之一证也。然教育界人士亦能谅省库艰难，卒照此实行，各校经费均照九折缩减云。"

夏六月，举行中学毕业会考。

中央政校派教育系毕业生雷震甲、赵祥麟、何灌梁、刘玉书等七人来浙教厅实习，余与黎叔及各科长为厘定学程与实习科目，亲自指导凡实习七周而毕，均派往各县任教育局长，而赵祥麟成绩尤佳，派为省立高中训育员。余此次来浙任教，对中等教育渐固充实，为适应师资需要，本年先筹设省立师范一所，而对省立、县立各中学则分别整顿之。

民国二十二年癸酉（一九三三） 四十四岁

在浙任教育厅长职。二月，长城战起，蒋公驰赴石庄督师，电余北上，乃与立夫兄由汴乘车北行，先至石家庄，陈景韩君亦来相会，嗣同赴保定，驻列车中约二星期。北平军分会设立，张学良辞职，敌人请停战，乃别蒋公，转北平回浙，离任者约一阅月。

本年在浙教育设施，积极方面仍无如何开展，惟基础已立，行政方面与教育界相互认识益深，政令推行，较易为力，举其大者在高等教育方面，为考查省费留学生成绩及充实医专之设备。在中等教育方面，筹设温州师范（初级）及省立农业实验学校（在金华），并举行训育会议。在地方教育及初等教育方面，则提倡师资进修与继续整理学产，并推设乡村小学。在社会教育方面，充实省立图书馆，并筹办电影巡回教育。各科中以第二科（初等教育与地方教育）最有成绩，三科科长张任天出任县长，以赵季俞代行科务。

是年，提请省府拨定省公债四十万元为扩充职业教育与师范教育之基金。

自去年起，每值初夏，即患小疾，精神疲滞，心绪烦乱，往往因之失眠，今年更甚，请假服药调治，约二十天始愈，盖体力渐衰矣。

举行第二次毕业会考。

蒋公来电有邀余往南昌佐助笔札之意，且闻已物色继任人选，盼余能于学期结束后前往，余遂结束厅务。六月，两次电行政院教育部辞职，然教部以江、浙两省教育正待及时推进，不宜易人，请于蒋公，坚决慰留。嗣后蒋公又来电嘱继续服务，乃打消辞意焉。

夏，回慈溪，为先祖姚叶宜人祝百龄冥诞，三家子弟咸集，约留一星期而归。

是年冬，福建有人民政府之变乱，蒋公于事变甫萌时，竭力劝导，不欲以纪律相绳，乃变乱终于勃发，蒋公在赣筹策既定，于十二月莅杭部署讨乱军事，凡留居一周，而后由浙入闽讨逆，时适其太夫人七十冥寿，余及鲁主席等均往奉化拜祭，而蒋公则未归家也。

民国二十三年申戌（一九三四）　四十五岁

　　当人民政府之叛变初起时，浙江毗连闽、赣，最为反动分子之注意点，而军事运输及补给，亦须协筹，鲁主席以此役关系国家纲纪与安危，督饬各厅，就地方力量所及，为中央分忧劳，其时财厅则垫筹经费，建厅则协助运输，（杭江铁道军运效率之强为迅速制胜之一主因）而教育方面，彼方亦有派人潜入活动者，多方防止，卒告无事，未及两月，而乱事遂平。

　　二月，偕吕蓬孙厅长、鲁鲁山秘书长同赴南昌参加行营所召集之十省行政人员会议，苏、浙、闽、赣、皖、鄂、湘、豫、陕、甘各省之秘书长，民、教两厅长及一部分行政督察专员均集。住百花洲旅馆（病疟三天），开会约四日，报告省政及民政教育设施，蒋公三次出席致词，以生聚教训，明耻教战，勗勉与会诸人，谓期以五年，必当奠立国防建设，方能雪耻图强，完成革命也。

　　在赣垣三谒蒋公，最后一次，蒋公告余，谓行营诸务蝟集，政事有杨秘书长畅卿，军事有熊主任天翼，惟文字撰拟，迄无佐助之人，实需如君者在余之左右，浙省教育厅事，如可兼任名义，以秘书代行则更佳，否则可另保一人自代，总之盼能来此相助，然亦不必急急，俟学年结束暑假后再来亦可。余感蒋公之意，遂允必来赣服务，但不愿居何名义耳。旋即拟继任人选四人（程天放、余井塘、叶溯中、许绍棣）请择定其一，蒋公谓即以叶君继任可也，嘱返浙待电命再来。

　　四月，再得南昌电，乃结束厅务，并到京谒教部王部长雪艇，请提院议以叶溯中君继任，雪艇甚惜余离职，言之再四，遂归杭提辞呈，二星期后始得请焉。

五月，赴南昌住省府招待所，奉命担任行营设计委员会主任。设计委员会者，蒋公欲网罗国外留学生之青年有志者，俾作研究、设计、审议、调查等工作，而一面即训练之以期成材者也。旧为常务委员制，杨、熊及梁颖文为常委。今以余到赣，蒋公谓不能一无名义，且此会极重要，故改为主任制，以主任属余。余察知此会职权规定极含混，委员人数达二十人，颇涉冗滥，其真有学问见解又能明识分际者，寥寥四五人而已，坚请收回成命，愿以无名义之身，留赣服务，蒋公不许。乃加任徐庆誉为副主任委员，谓会中日常事由副主任理之，汝但助余笔札，并留心文化宣传与理论研究，且备咨询可已。

五月，随蒋公回京参加军校十周纪念典礼。过牯岭小住，寓孙天孙君家四日，撰《十年来之回顾》一文，在京事毕，仍回赣垣，购得宁都三魏集及王于一（猷定）文集各一部，寄赠外舅。

七月，到牯岭避暑，允默携两儿同来，赁屋河西路五十四号，晨夕出外观览，颇得游眺之乐。是夏蒋公亦至牯岭，设计委员会同人均迁来，以医生洼某号为会址。余每周去会三次，约各委员会谈研究，至会中日常各事，均嘱除副主任办理之。其时蒋公所注重者，为精神教育与国防建设，余每入谒，必见图表方案，堆满几案间，蒋公每日披阅文件，签发命令，听取报告，核改方案，治事时间常在十小时以上。更以暇时约专家，讲述专门问题及国际形势，与东西洋历史，舆论界与学术界人士，渐知蒋公谋国之苦心矣。余虽在左右，愧无贡献，惟承命修改讲词及审定《自反录》二集之初稿。至八月下旬，忽患脑病，每日头眩心跳，且常有微热，及九月初，乃请假回杭州养病，住小莲庄凡两月，始稍愈。

十二月，赴南京出席第五次中央全体会议，寓京三周，以蒋公回籍，乃复返杭州小住。

民国二十四年乙亥（一九三五）　四十六岁

一月，去奉化溪口住旬日，撰《敌乎？友乎？》一长文携至上海，以徐道邻君之名义发表于《外交评论杂志》。此文之作，盖欲暗示日本以中国决不可屈服，日本决不可不认识东亚安危之至计。为日本彷徨无主之国论辟一新视野，而痛斥其野心军阀之无知，即或未能打消其侵略之妄念，亦冀稍缓其凌逼之气势也。既发表后，各报竞相转载，日本之报纸杂志，亦均纷纷转译，颇引起一时之注意。事后日本方面亦渐有疑此文为当局所授意者，然皆将信将疑，但至少与彼邦主张急进之少壮军阀以一打击云。

由溪口回杭州小住即去南昌。在南昌度阴历年，购《陈后山诗注》一册，日日讽咏之。旋奉蒋公电召，与杨畅卿同赴牯岭，住牯岭约旬日，南昌行营结束，改设剿匪总部于武昌，余所任之设计委员会职务，以该会撤消而解除。在牯岭时，蒋公决定修改侍从室之组织，分设第一、二两处：第一处设第一（总务）、第二（参谋）、第三（警卫）三组，第二处设第四（秘书）、第五（研究）两组，命原任侍从室主任晏道刚君为第一处主任，而以余为侍从室第二处主任。研究组设秘书八至十二人，以设计委员会原任设计委员徐庆誉、张彝鼎、李毓九、高传珠、徐道邻、罗贡华、傅锐、何方理诸人任之。（侍从室之组织始于民国二十二年，最初由林蔚文先生任主任，后由晏君任主任，其原来编制为第一组警卫，第二组秘书，第三组调查及纪录，第四组总务，另附设侍从参谋若干人。）

二月，赴汉口，就侍从室第二处主任职，奉命兼第五组组长，其第四组组长则以原任第二组长毛庆祥君任之。（原编制第三组撤消，代组长萧赞育改任侍从秘书）第五组之办公处设于汉口三北公司之楼上，研究工作分为内政、法制、文化教育、国际时事、中日关系及经济等各类，各秘书每人任一类为主，并认一类为副，其翻译工作，则分英、法、德、日、俄等五国文字，指定分任之。居汉口二月，寄寓电话局局长官舍，盖张君明镐适在汉任局长之职也。陈君秋阳随余同住，佐缮写收发之役。侍从室初成立，除五组诸人作研究工作须余为之规划督促外，四组之公事，大率分配至主管机关办理，故余所司之事甚简，以暇时阅通鉴及英、美近代史。自三月起始为日记，自是日日为之，未尝中辍焉。

　　……①

　　四月，由汉乘飞机经宜昌赴重庆，第五组诸人均留汉口，属罗秘书贡华代理组长事。居重庆约一月，寓上清寺陶园内之农村，与川中军政界及教育界、新闻界人士相接触甚多，觉川人之颖慧活泼，实胜于他省，而沉着质朴之士，殊不多观，模仿性甚强，亦颇思向上，然多疑善变，凡事不能从根本致力，即军人官吏，亦均文胜于质，志大而气狭。故蒋公到川，首以质朴诚信为尚，而标揭除匪、禁烟为最大要政，省中军政，仍重寄事权于刘主席甫澄，以其人在川省军人中较为廉谨自好，望其有所成就也。余于外界不轻易往还，即相见亦不多发言，唯力劝川人尊重军政系统，服从刘主席，以划除防区时代所遗留之封建恶习，庶不负中央整理川事之苦心。其时川中政客说士，萃于各军首领之门，交通游说，纵横结托，而蒋公幕中随行诸人，均处处持之以大，初到时尚有怀疑不安心理，未几即相安焉……②

　　余到重庆约半月后，蒋公赴贵州。蒋公去时，仅携晏甸樵主任同往，拟于短期内归来，旋来电命余偕往，乃于五月某日偕陈辞修君与吴稚晖先生同飞贵阳。

　　在贵阳约住两星期，寓薛总司令伯陵之总部内，承蒋公命，起草《国民经济建设运动纲要》，数经修改，于八月间始发表之。在贵

---

① 此处有删节。

② 此处有删节。

阳时事务较繁，盖杨畅卿秘书长在渝留守，前方承转备件，有时间性者，皆须由侍从室办理之，而第四组无谙习公牍之职员，不能不由余自为处理，然余于公牍实亦非所习也。

余至贵阳之日，……①王家烈已去职，蒋公请政府改组黔省府，以吴礼卿先生任主席（因黔、桂接壤，礼卿先生与李、白诸人有交谊，可免除心理上之不安）；曹经沅、李仲公、叶元龙、朱庭祜分任民、财、教、建厅长。省府就职之日，吴先生监誓，蒋公亲临致词，余亦参加典礼。自兹中央政令，乃得达于黔省，然军阀擅政，百废凌乱，财用尤竭，省府接事之日，库存不及三千余元，请于蒋公，拨五万元济助之，仍责成财厅厉行整理焉。

假日偕吴稚晖先生往游修文县之龙场驿，瞻王文成公祠及玩易窠旧址，阳明墨迹，留镌壁间者尚完好如新。修文距贵阳仅半日程，流连至暮而归。黔人士为余言，黔之有文化，盖阳明实启之，明以前之黯陋，殆非近人所能置信也。

贵州天气多阴雨，晴天殊少，居此稍久者无不患小病，饮水殆亦有关系，此行如蒋夫人及稚晖先生均曾患寒热，余亦小病四五日，会蒋公出游安顺，余适以病未能偕也。

居贵阳二周后蒋公赴昆明，余以无机迟一日行，是日适为苗民节日，城外苗民男女每年此日均集省城游览歌舞，市所需以归，本年中央为联络边民情感，特备饼饵食品分散之，苗民咸大欢悦。是晚与陈辞修君坐绥署庭中作长谈，次日即飞昆明。

在昆明住翠湖边之金铸九先生别墅，与稚晖先生同寓，蒋公住东陆大学（即今云南大学）之前院。昆明为高原，地势嶝爽，气候温和，自贵阳来此，俨如重到江南，精神为之一振。（在由黔赴滇之飞机中，作家书二械，托机师白利君回飞至重庆投航邮，两日而达杭州，家人均以为迅速出于意外。）翠湖者，在五华山（省府）之麓，湖水不深而澄碧，堤上植柳，有阮公堤（阮文达建）、唐公堤，俨如西湖之有苏、白二堤，旦暮游行其间，偶至昆华图书馆阅书，洵乐事也。（昆明近郊西山及滇池均

---

① 此处有删节。

风景胜地，余随蒋公作两日之游，并与稚公同至安宁温泉沐浴焉。）到昆明之日，省府龙主席设盛大之招待宴以迎蒋公，其客厅之闳丽有如北平之居仁堂，是日宾主到者三百人，礼数极盛。众中忽晤袁树五（嘉谷）先生，乃余在高校肄业时任浙提学使者也，相见执弟子礼，袁先生为之色喜，介余遍识省中之耆宿如王九龄、周惺甫、易夔举诸人，挹其言论，皆通达时务，洞明学术，虽规模稍狭，然较之在黔之荒寂，自不同矣。

……①蒋公某日约龙主席同乘飞机巡察，为之指点进剿方略。龙主席自谓乘飞机尚属第一次，观蒋公在机中指点山川、剖示方略，益叹服总戎之伟大，为余等言之者再。蒋公对龙主席亦备极称许，谓其坦易而明大义，故到滇以后，唯与之讨论如何振兴文化产业以建设西南国防根据，其他政事，虽龙君屡请指导，蒋公均仅示大概，嘱其全权负责，不愿责以速效焉。余等居滇，亦多与文化、建设方面之人物往还，曾出席滇省教育会，对全城中学生讲演一次，各厅长过从较密者为建厅张西林（邦翰）、教厅龚自知及省委（前实业厅长）兼富滇银行长缪云台诸人，而缪君之言论识见，尤有过人者，民厅长丁兆冠思想稍旧，财厅长陆子安则极深沉而不多言，然省府诸人之意志一致，则非四川之可比云。

六月，蒋公仍转贵阳回重庆，余等多留数日，偕稚晖先生应蒋夫人之邀赴个旧游览，乘汽车循铁路而往。至开远（即阿迷州）住小旅馆（安南人所设）一宿，拟再前进，而天气酷热，蒋夫人有小病，遂不果往，仍折回昆明，次日同乘飞机径返重庆，盖蒋公临行时嘱不必绕道贵阳也。是日飞机途中遇雾，几迷失方向，冒险低降，始辨途径，安然抵渝。

到重庆不数日，即赴成都，（由成渝公路乘汽车往，中途宿内江，次日午后一时到达。）住陕西街之行辕，秋阳寓余之邻室，而庆祥、荻浪亦与余同寓一楼，公文往返接洽，较前为便。已而蒋公命余，凡杨秘书长承转之各项呈件，于批覆后，均交余详阅后再送达

---

①　此处有删节。

办理，盖暗示余当练习政务与公牍，以资接洽与联系也。是时京中政象，以蒋公出外日多，渐有纷纭轧砾之象，行政院与监察、司法各院间，颇多龃龉，赖叶楚伧秘书长弥缝调节其间，勉克相安而已。朱骝先、罗志希、徐可均、萧青萍诸人均曾来川有所报告，余均劝彼等以大敌在前宜尽祛疑虑，既信任领袖，即应信领袖所信任之人，毋意毋必，共度艰难，必中枢安定，始有忍辱负重准备御侮之可能也。

是夏，敌方在华北军阀意图启衅，对我政分会压迫备至，要求撤退中央军及宪警，并将平、津党部撤除，蒋公从大处着眼，极端隐忍，卒一一许之，自此第二、第二十五师均先后撤退，而蒋孝先君原率宪兵驻平，亦调至侍从室服务，党部移地秘密进行。顾京中群情愤慨，汪氏无以自解于同志，蒋公于六月廿九日命草一电文，致中央政治会议，说明忍辱以备雪耻之至理，此电抵京，何敬之先生以为不宜发表，遂密存未报告会议云。

七月，蒋公移寓峨眉，开办峨眉训练团，调川省军官分批受训，余亦随往，住峨眉之新开寺，所居为一小木星，室之低矮，俨如一谷仓，顾气候殊凉爽，其时五组一部分秘书亦迁川同寓山间，并任训练团之训育干事职务，余未参加训练团工作，仅为蒋公准备训练材料及整理讲稿撰拟文字而已。蒋公每周必至报国寺团部住三四日，训练极勤，间以余时研究国防建设及财政经济之方案，常招专家来相讲习云。

八月，汪氏忽萌退志，称病赴青岛，蒋公以中枢无主，乃飞往庐山，命张岳军先生至青岛挽留汪氏，未得要领，乃回南京，出席中央政治会议，对出席各同志痛切说明革命之环境现状与中枢诸人及中央委员应协同负责以济艰危之理，京中空气，始见转移。余住京三日，遂乘此时请假回里，为先考七十冥诞在家设奠。先一日由京返沪，偕允默及弟妹等全家乘轮返慈溪，家人团聚，皆以余于役数千里外，乃得及时归奠为非始料所及。大哥更为余言，虽旅途辛苦，而经历山川，得以开拓见闻，宜引为幸事云。留家二日，仍转沪、杭回京。以陈君秋阳不乐远行，有引退意，乃改约王学素君人侍从室为秘书。

为宪法草案事，奉命访黄膺白先生于莫干山，畅游山中，并与黄君谈三小时而归。九月到南京与程天放、萨孟武、梅思平诸君研究宪法草案，蒋公来电指示要点甚详，余等就立法院初稿详加斟酌，别拟一修正案，凡一星期而就，遂携稿西行再赴成都。此时训练团已结业，乃不复去峨眉，住成都又半月余，曾往谒方鹤济、徐子休、尹仲锡、周蓉池、徐申诸老，此数君者，成都所谓五老七贤，乃一般人所认为方正不阿者也。

十月初旬，蒋公离川，余亦自成都乘邮航机径飞上海。晨八时自成都起飞，经长安郊外暂停，又过郑州、南京小停，午启五时卅分抵上海。越二日，参观全国运动大会。

十一月，到南京住中央饭店，参加六中全会，汪精卫被刺入医院养伤，未几痊愈。此举与京中政界以一大刺激，浮议纷纭，久之，乃侦知刺客为反动派王亚樵等所指使，即汪之友人亦疑虑冰释焉。六中全会未发宣言，其闭幕词则余承命起草者也。

第五次全国代表大会举行于南京，其代表即以四全大会之代表充之。十一月十二日开幕，林主席致开幕词，亦余所承命起草者。大会举行十日，蒋公有重要之外交报告，即"和平未至绝望时期，决不放弃和平；牺牲未至最后关头，决不轻言牺牲"是也。大会宣言，则戴君季陶草定要点而余为之连缀成文者，此文自属撰以至定稿，经修改三次，凡费二十小时云。

五全大会以后，选定胡展堂为中常会主席，汪为中政会主席，蒋公任两会之副主席，兼行政院长，以顾孟余为中政会秘书长（旋决议由朱骝先代），余为副秘书长，自兹蒋公遂躬负党政军重责于一身。是年冬，赁宅于南京之灵隐路，挈眷移寓焉。

大会毕后，余体力心力交疲，兼以党政机构改组以后，人事接洽，甚感纷纭，一部分同志，不明蒋公意志，动辄以安置亲厚者为先，而曾不计办事之效率，中政会下设各专门委员会，尤为不易安排，积劳之余，加以烦闷，几于神经错乱，遇事焦躁不能自抑，客座中常出言不逊，事后追悔，旋又犯之，延医诊视，投剂服药亦无效力，不得已以书白蒋公，告病体不支，蒋公覆准病假一月，中政会事托叶楚伧先生及狄君武同志料理，遂将各事与楚公接洽，于十二月中旬偕允默由京回沪转赴杭州养疴，到杭仍寓小莲庄，与五妹（静娟，即若希）家同寓，阴历岁除，即在杭州度过，诸儿均未来寓，四弟送思佛侄来，博我欢笑，余对思佛甚爱其天真也。

民国二十五年丙子（一九三六）　四十七岁

　　仍任侍从室第二处主任及中央政治会议副秘书长。

　　二月，到京销假，仍寓灵隐路。侍从室第二处自此始在军校内有固定之办公地址，每日到处办公数小时，第五组则每周举行会议与谈话会各一次，然五组各秘书多不明其职务之性质，常思越位言事，或请求调查各机关状况，或喜摭拾风闻之词攻讦主管人员，或条陈意见而实未详考法令与事实，余屡为指示，而彼辈之观念终不能改变，此最足令余烦恚不安者也。侍从室第一处主任改任钱大钧（慕尹），并兼侍卫长名义。晏甸樵调充西安行营参谋长，佐张汉卿（学良）主持西北"剿共"军事。

　　蒋公既任行政院长，对内政锐意刷新，对国防积极准备，对经济加紧建设。对财政金融亦预作非常时期的筹划，而对日外交则多方运用彼国文治派与反军阀之力量，使与侵略暴力相抗衡，务期充分争取时间以达我建国自强之目的。外交部既任命张岳军先生为部长，即秉此意志以与日本外务当局相周旋。在内政方面，除经常会议外，每周在官邸召集党务谈话会及行政院各部会长官谈话会，及特种党务人员会报各一次，劳心焦思，唯日不给。又召集行政会议，开办县政训练班，而于民众组训方面，亦于中央军校内扩大设置特别班以造成干部。故此半年以内，实为开始建国准备最积极之时期。乃粤、桂军人，竟以请求中央对日作战之名义，出兵于湘境，时局又起一轩然之大波浪。

　　陈、李、白等之军事行动既发生后，蒋公即在中央纪念周发表极恳挚严正之谈话，主张对日问题应于全体会议中解决，一面电劝粤方将入湘之师撤回粤境，一面即宣布召集全会之日期，粤方仍未遵从，中央乃遣队伍驻屯于衡州以北，师行神速，卒阻异谋使不得逞。其时中央各军事首领及冯焕章、李协和、唐生智等均电陈、李、白切劝慎重，而蒋公亦对陈济棠恳切诰谕，电文往复不下十数，余此时笔札之役，亦较繁于平日焉。

三四月间，蒋公赴汉转往西北视察，余随舰西行，既抵汉口，蒋公命驰回以宪草改正之意见函达孙哲生、王亮畴诸氏。到上海与季陶、亮畴、楚伧等共商于亮畴之寓所，并合为意见七条，仍携归中央就宪草审议会中决定之。

二中全会举行于南京，决议以陈济棠、李德邻等为国防委员会常务委员，设广西绥靖主任、副主任，裁撤粤、桂特设之党政机关，国内政令始归统一。余汉谋被任粤省绥靖主任，陈济棠辞第四集团军总司令，离粤赴港。辞职之前，派陈汉光师长来谒蒋公，蒋公是日准备西行，于一小时内草一长约千言之函慰勉之，其精诚洵足感动奕世也。

蒋公是夏仍赴牯岭避暑，筹备续办暑期庐山训练团，嗣因内外时局多故，临时停止。余以小病未及同时上山，约迟旬日，始携同事三四人前往，允默等留京未行。是年吟苴兄应俞樵峰部长之邀，入交通部任参事，亦挈眷与余家同寓于南京颐和路。

余未上山以前，钱主任以第一处主任对第二处事兼为指导，其时汪日章秘书已升任组长（此为本年春间在京时所定，盖钱欲以庆祥为第一组组长，故保汪任第四组事，既批准而毛不肯就第一组事，遂留侍从秘书名义而专任机要室之主任秘书，此事钱事前未商余同意，实不谙手续与系统，然余为和洽同事计，亦未与之计较焉）。某日有工兵学校请颁训词，钱不以寄余而交汪组长与张彝鼎二人同拟，既拟就呈阅，蒋公见其草率幼稚不可用，援笔批曰："此等文字，尚不够中学生程度，何得率为转呈。"钱以代余受过，意甚不怿，余上山始知之，然汪组长毫无内愧之心，余付之一慨而已。

粤事渐定，空军黄光锐等全部来归于中央，蒋公颁词训勉，优待有加，唯桂局不定，李、白二人迟迟不就绥靖署职务，中央乃改派李为军委会常委，调白为浙省主席，而命黄季宽为广西绥署主任，李品仙副之。不料李、白于新命甫颁之日，忽来电表示就绥署职务，意在明拒中央所派之黄季宽到任也。蒋公为此事有俭、东、冬三电致李、白恳切劝导，李、白卒不从，且备战甚亟，桂省人心惶惑。蒋公又以粤中军政诸待处理，乃于六月某日以飞机驰往广州，余及朱益之主任等旋亦同行飞粤，盖慕尹已于两周前与辞修先赴广州也。

到广州后，借寓于曾养甫同志家，备蒙优待，约住一星期后，移寓李洁芝局长之公舍。旋因蒋公移节黄埔海关旧址，余及侍从室同人亦随往，住入昔年之校长官舍，慕尹与端纳居于楼上，余与第二处职员居楼下之东边二室，蒋公每于晚饭后散步，常过余等之办公室巡视，徊徘念旧，知其今昔之感深矣。一日，闻总理之卢太夫人在广州，命余过江谒之，余遵命往访，惜已于上半天回澳门，仅见总理之婿戴恩赛君而已。

广西事久悬不决，蒋公以绝大之宽容与忍耐处之，辞修次长多方赞画，蔚文厅长亦居中筹策，在军事上只作戒备，决不进袭，亦勿使中央军与桂军，相距太近，而居觉生、朱益之、程颂云三先生更不惮辛劳，飞桂劝导，桂省军民，盛感中央德惠，空军一部率先归顺，最后彼方派刘为章（斐）等数人来粤，对军事、政治及财政等有所请求，蒋公一一允之，且命西江附近之中央军先撤。此一役也，中外人士之观察者，均谓必出于一战无疑，最后卒以兵不血刃而获得圆满解决，李总司令德邻亲谒蒋公于广州，归还军权，完成统一。蒋公闻其到粤，不待来谒，先往访晤，谓不欲使彼有屈就之感。又与李同摄一影，消息传播，薄海欢跃。然敌国日本，对我畏忌愈深，而挑衅之阴谋亦日烈矣。

余居粤省先后一月余，是时日方浪人到处制造事变，上海、汉口、成都、北海，先后发生日侨被袭害之事件，日方恃强要索，其势汹汹，而成都事件，且藉口必欲达到设置领事之目的。及北海事起，更复剑拔弩张，地方当局送达行辕之报告，类多模胡影响或掩饰其一部，往往览电踌躇，推敲许久，仍不得其端绪，然一经呈阅，蒋公必为批款导窍，予以详确之指示，承办之际，毫无困难，虽复辛劳，至为愉快也。在粤与教育界及党部之人士接触较多，省政方面，则与黄慕松主席所讨论者以财政与建设问题为多，蒋公并调俞寰澄先生偕王传麟科长来粤审核省府之预算，至十月中由行营批定之。

当各地"排日"事件踵时起，我外部与日使仍不断进行改善国交之谈判，彼方坚持共所提之原则而拒不讨论我方之要求，其中困难横生，非可言喻。王雪艇、张公权两部长，曾专程来粤谒见蒋公，高司长宗武亦亲自飞粤承商，最后彤势已濒决裂，蒋公为备万一计，决始终不屈与之周旋，乃提先离粤赴赣，王、张两部长亦以为蒋公宜先至南昌，再定进止，万一破裂，居赣策划军事亦较易也。中秋前两日到南昌，余等初意以为必驻赣垣，不料蒋公即赴星子，是夜上牯岭，余等遂亦随行，钱君谓适有便机赴京，将接其夫人来山，余以战事或竟不免，遂电属允默同乘飞机来庐山一叙。既知日方舆论，尚未极端恶化，乃决定用宣传方略，时何敬之部长适奉召来牯，遂电召《中央日报》社长程沧波君偕同来山，余与之共同撰拟《中日关系紧张中京沪报界之共同信念与期望》，力言东亚紧张大局之不可破裂，沧波携回发表，日方反响尚佳，事态亦渐趋缓和。住山中一星期后，乘江轮返南京。

旧历八月卅日为先母七十冥诞，四弟均在杭州，遂在杭州招贤寺设奠追荐，余与允默挈诸儿先二日到杭，思圻哥及六弟、弟妇均自沪来，同寓新新旅馆，是日家族亲戚到者四五十人，摄影以留纪念，家人团聚，亦近年难得之盛会也。

余到杭之翌日，蒋公为检阅航校并改进空军事，亦到杭小住，韩向方、杨虎城、于学忠诸将领及宋子文部长等均来杭，中外对此甚为注目，而日人尤极意宣传，以为有重大意义云。本年十月为蒋公五十寿辰，事先各方发起购机祝寿，蒋公却之不可得，旋闻京中将有盛大之祝庆会，乃决意离京作华山之游。事先谓余，远行太辛苦，可不必同行，惟口授拟《报国与思亲》一文，备于生日前发表，此文余携往沪上于福康里寓中撰成之，寄往华山，经蒋公命力子、楚伧酌加一段而后发表。

十月下半月在南京休息，卅日与朱骝先君同机飞洛阳，是日为蒋公生辰，阎百川、张汉卿、徐次宸、傅宜生等均来祝嘏，济阳、西宫开庆祝大会，演戏放炮，盛极一时，各方祝寿之电，除国际友人由外部拟覆外，均自洛阳办覆之。

居洛阳约一月，适值百灵庙大捷与《日德防共协定》发表，蒋公均有谈话发表，南京诸人来请示者有张岳军、陈立夫、张淮南、方希孔诸人，而何浈廉（政务处长）则奉命留洛，每日为蒋公讲英、法、美经济金融制度，旋钱乙藜君偕李赞侯来洛阳入谒。是时蒋公拟发表一外交论文，题为《国际形势与中国前途》，盖欲阐明中国不偏不倚之外交立场，以破阵线论者迷惑，此文在洛与张彝鼎秘书共同准备，未及完成而余忽患腹疾甚剧，延医诊视，迄未见痊。蒋公谓余"西北天寒，有病之躯不宜同行，且朱骝先同志已调任浙省主席，中央政治会议事亦宜有一安排，兹给病假二十日，可先回京，如有必要，当电招西来，否则即在京相候可也"。余乃于十一月二十九日偕魏伯桢、张彝鼎、洪陆东诸君乘陇海车转津浦路回京。

到京后腹疾已痊，但精神殊疲倦，且患失眠，逐屏居养息。十二月十日以后方拟择日西上，乃十二月十二日即发生西安事变。是日下午一时余方在寓，忽接果夫电话，询余有无西安之消息？余怪而问之，则谓西安至京电报已不通矣。外出探听，始知风传甚多，最后至何部长家，乃知其详，时中央各委员均集何宅，旋即决定召集中央临时常会，由于先生主席，宣读张学良之"荒谬"来电后，人人愤慨，决议出兵讨逆，任命何部长为讨逆军总司令，至夜深三时散会，接开中政会，照案通过。此后十数日间，余在京之繁忙痛苦，彷徨焦愤，直不可以言语形容。盖中政会应为最高权力发动机关，朱代秘书长已赴浙任事，会议各事不得不以副秘书长处理之。然中政会正副主席均不在京，开会与否须取决于四位院长，往往甲是乙否，莫知适从。其时戴院长则愤激失常，居、于二院长不甚问事，而孙院长之意见每与戴院长出入，余所能相与商榷者，楚公而外，只有果、立、养甫诸人而已。且余身居侍从职员，而独不得与前方诸同人共患难，念蒋公之近状，忧前路之茫茫，每日常惘惘如有所失。其间经过，略可纪述者：（一）为张季鸾先生两次来商运用某方面外交力量，余力劝其在报上拥护中央讨叛立场，季鸾韪余言。（二）为与立夫、养甫联名劝诫张学良。（三）为代黄埔诸同志拟发警告电。（四）为协同宣传部策动全国舆论。（五）为听取蒋铭三自洛阳飞回时之报告。（六）为劝慰蒋夫人并解释其对中枢之误会。然事态纵极纷纭，而余心恰甚镇定，虽昼夜奔走，睡眠减少，亦不甚觉疲倦，事后思之，殆由服用胚胎素之功效者半，而精神力量足以支持体力，亦于此可以证明也。二十五日傍晚，得蒋公已抵洛阳之讯，以电话往询莫组长言明日即返京，是晚即派定工作人员，盖侍从室同人多随行被羁也。二十六日中午往机场迎迓蒋公，随至官邸，蒋公授余草稿一纸，命与夫人详谈，即为整理记录，于五时前赶成之，即对张、杨之训词也。是日并草拟谈话稿与谢启等，参加官邸客室举行之中委谈话会，事虽繁而丝毫不感疲倦矣。

自二十六日至卅一日为蒋公草辞呈二首，发表谈话及消息约五六则，准备发表军法审判结果，并拟请求特赦呈文，参加中央会议五六次。蒋公腰背受伤，艰于起坐，而钱主任又因胸部枪伤，在家养病，故余每日清晨必至办公室，往往深夜始归。军法审判张学良之日，蒋公恐有人为张说情，徒多烦扰，至余颐和路寓中小住半日，何部长询蒋公所在，余亦未以告也。首都举行西安蒙难人员追悼会，余率侍从室全体同人亲往祭奠，其时殉职死者有萧乃华、蒋孝先及侍卫官特务员等多人，追念旧谊，为之怆愤不置云。

元旦日，代蒋公往谒林主席，行贺岁礼。蒋公以介卿先生之丧，于一月二日由京乘飞机回奉化，余与郑祖穆医师及竺培风君随行。培风，蒋公之甥也。

民国二十六年丁丑（一九三七）　四十八岁

居溪口一月，寓慈庵，侍蒋公左右，遇文电之紧要者，常持原件以口头诵述，请示决定办法而办理之。庵中房室不敷，未携秘书同住，盖蒋公病中喜静畏烦也。某日闻张学良将来溪口，余恶与之相见，陈明蒋公，回甬一行，宿效实学校，为学生讲演西安事变之始末。后数日，力子先生及徐次宸、贺贵严诸君来，其时陕局仍极动荡，张部要求释张回部，中枢不之许，几不免用兵，而杨虎城操纵其间，尤顽强不讲情理，蒋公手电数次并作长函二械教导之。此二函余请于蒋公，不在报上披露，以保全其体面。事后李君志刚语余，陕事终得和平解决者，盖杨虎城感于蒋公之宽大，故终不敢一意孤行也。汪精卫在海外闻讯驰归，特来奉化视蒋公，住三日而去，褚民谊、曾仲鸣同来，奉命招待之。

是年阴历岁除，诸儿均归官桥，来函请余归家度岁，余为职务所羁未能往，作长函分别覆之。

二月二日蒋公赴杭州，余与郑医师等同行，在杭州度阴历年，辟室新新旅馆，撰《西安半月记》。时适阴历元旦，寓中寂无他人，望弟来助余缮写，既成乃赴沪，盖蒋公归西爱咸斯路之沪寓请医检视身体也。

二月十二由沪赴京，十五日举行三中全会，通过《根绝"赤祸"决议案》。汪先生回任中政会主席，余恳辞中政会副秘书长，全会决定改以张群、曾仲鸣分任正副秘书长，而外交部长则改由王亮畴先生担任之。三月日本实业考察团儿玉谦次等来华访问，蒋公致欢迎词，以"己所不欲勿施于人"相勉。三月中旬由京回慈溪祝外舅杨先生八十寿，献寿言一篇，留慈二日仍返京。三月下旬，由京赴杭，四月四日再至溪口助理蒋介卿先生丧事，为蒋公撰祭兄文。四月中旬再赴杭州，钱主任已于三月销假复职，护机同行，余则以汽车往，到杭住大华饭店。四月下旬再去上海，住伟达饭店，约一星期后，再赴杭州。是年春夏之间，仆仆京、沪、杭、甬间，皆因蒋公移地疗病，故行迹靡定也。五月，蒋公病愈回京销假，时余以数月积劳，在杭寓旅中忽患脑病甚剧，神思烦郁，夜则失眠，昼则畏烦，而钱君与余复多不协，乃决定请假在杭休养，于侍从室诸人行后，移寓新新旅馆，允默来同住，每日游览湖山，心境稍觉怡旷，然学素常来函告处务及人事，每接函辄又忽忽不乐也。

五月二十日回京，病体仍未痊愈，蒋公闻之，命续假在京静养，以杨济民医生之劝，至鼓楼医院检验身体、知贫血已甚，乃购肝脏制剂饮服且注射焉，疗养匝月，效果殊尠。六月终以蒋公等已去庐山近二旬，遂挈眷往牯岭，七月一日上山。

是年夏间，庐山有蒋、汪二公召集之学术界名流谈话，且举行教育人员训练，山中冠盖如云，行政院各部会亦多移至山上办公，甚为热闹。余所居之五十四号，与外部徐次长为邻，且隔院即为谈话会之招待所，故座上之客恒满。

七月七日，日军攻我卢沟桥，山中闻讯较迟，于九日以后始悉其梗概，蒋公知敌人意在挑起衅端，顾仍不愿和平破裂，命宋哲元氏就地抵抗，抱定"不屈服、不扩大"之方针，并于谈话会中发表讲演，声明我方最低限度之立场四点，以待敌国政府之觉悟，然敌军阀蓄意欲扩大事态，蒋公爰回京主持，临行乃嘱张秘书长及余等留山上，并命第二期谈话会仍须继续举行云。七月下旬举行第二期谈话后，北方事态益恶，余知战事将不可避免，乃于七月二十八日将牯岭寓所结束，偕眷返京。八月一日送眷旋里，旦文姨氏及允默均以为不必如此匆遽，同人等亦有诋余太性急者，然余与吟兄皆以家眷有安顿后，反可专心从公，故遂匆匆送之回籍。及八月十三日而沪上战事遂暴发矣。八月初旬，承命撰发军事宣传品约六七件，顾脑力极不济，某日撰《告空军将士书》，费十六小时仅乃写成，仅二千余言耳，而濡滞若此，自知战争既起，决难胜此重任，乃上呈乞辞，蒋公留置不报，书再上，请辞名义，仍留供笔札之役，蒋公乃嘱熊天翼等慰劝，许添一副主任，以周佛海君任之。九月，改组侍从室第五组，将原任秘书八人及五组书记、司书各二人均予解职，盖为战时行动便利，不能不缩小编制也。李唯果秘书以九月入侍从室任事，佛海兼任第五组长，九月陈芷町君奉调来京，与罗君强同就任第五组秘书。军委会扩大编制，设置秘书厅，以张岳军任秘书长而余兼任副秘书长，另设第一至第六部，分掌军令、军政、经济、政略、宣传、组训等事宜。

其时颇有献议设置大本营者，蒋公不许可，谓未经宣战不必另设名目，即以军委会主持战事可也。

自八月十五日敌机首次袭京后，越旬有扫射军校毙员生兵役之事。侍从室第二处初迁至山西路赁民房以居，继以种种不便，乃迁至富贵山，余每日上午至处，下午四时后回寓，午餐即在办公处食之，不常归也。中央政治会议暂停，改为国防最高会议，党政各部均参加，每星期开会二次，以汪为主席，岳军兼任秘书长。另设国防参议会，网罗各党派及社会名流为参议员，亦以汪为主席。蒋公指定余出席国防会议，而佛海则出席国防参议会。九月，中国共产党发表共赴国难宣言，越三日，蒋公发表谈话，望其遵从三民主义，信守诺言，一致为抗战而努力，此一谈话稿于发表之前，送汪、戴、于、居、孔诸人共阅之。十月十日，蒋公发表国庆日宣言，勉全国上下奋起抗战，保卫国家生存。

十月二十日，决定国府迁重庆办公，翌日发表宣言，并电知前线将士。吟苜兄于战事起后一月，得交部俞部长许可，辞职返里，命陶永标护送至杭州。余以颐和路地下室太简单，从友人之劝，迁至五台山村陈宅居住，而原址则命张司书留守焉。

十一月十四日，以前线战事紧张，嘱我生弟回慈溪伴送眷属西行赴赣，原拟暂住牯岭，继思亦非久计，乃商于卢作孚君，得其协助，决将全眷迁移入川，以长途电话告允默等至汉口接洽，而别以航函寄汉口为之安排，至十一月廿三日始知已安抵汉口，住一星期后附船入蜀，于十二月七日到重庆云。

敌人在金山卫登陆，我陆、空军在前线血战已将三月，伤亡惨重，而英勇抵抗，迄不少衰，国际视听为之耸然起敬。十一月中旬，改组江苏省政府，改任顾祝同为江苏省政府主席。

十一月二十六日，奉命偕张秘书长、魏秘书长离京，与芷町、亦杰等乘小轮西上，十一月二十九日午刻到达，暂寓电话局，一星期后接电话，知蒋公在庐山，命余即往，乃携亦杰同赴枯岭，起草《告国民书》，住三日仍回汉口，来船拥挤不堪，交通几于梗塞矣。蒋公于十二月中旬抵鄂，住武昌省府，余亦移入胭脂坪办公。

当余抵汉口时，京郊仍在激战，某日在汉出席国防会议，外部徐次长报告陶德曼大使奉其政府训令，愿以双方传言人资格斡旋中日和平，并转述日方与驻东京德使谈话接洽之概略，询我政府与统帅部意见，并请赴京谒蒋公。时汪氏主席，询各人意见，发言者多认为彼方所提乃如何接洽停战之手续，而未能看出日方有企求和平之真意，于是由张秘书长以长途电话与统帅接谈，其时统帅部已先得此消息，蒋公答称请德使来京一叙亦可，由徐次长陪来。张秘书长以电话中语报告于会议，与会者咸重视其事，汪氏似认为和平有一线希望，然张秘书长则为汪氏言，此当为蒋公尊重第三国友谊，不能拒绝其好意，未可即视为有接受可能。余亦以张君之观察为然，因敌人所提之接洽停战手续，乃不以平等待我而为极苛刻难堪者也。事后，张秘书长告我曰："蒋公言，让德使来京一行亦佳，于军事上亦有意义，由此可知蒋公决无遽尔接受斡旋之可能，我所以报告会议者，即暗示此事之前途，不能断为有结果也。"然汪氏等怯战已极，则抱其片面见解，以为和平仍有望焉。

民国二十七年戊寅（一九三八） 四十九岁

军委会内部改组，原有秘书厅及第一至第六部等均取消，改设军令、军政、军训、政治四部。军法执行总监、抚恤委员会、后方勤务部及办公厅均仍旧，余所任之副秘书长，亦随之解除。在副秘书长任内，未尝有所建白，盖侍从室事务已极繁，且秘书厅之职务，上有秘书长主持，下有机要文书各组负责，故余仅有时列席会议及代拟一部分公文而已。

国防最高会议改组为国防最高委员会，为战时党政军各部门之最高决定机关，其原有中央政治会议职权内事项，则照旧行使而保持与中央常会间之关系，设秘书厅下置一、二、三处，并置参事及设计委员若干人，第一处为总务文书（另有机要室置主任一人），第二处为行政之审核调查设计，第三处即中央政治会议之秘书处所并入（所属各专门委员会仍旧），蒋公自为委员长，命张岳军先生任秘书长，仍以余为副秘书长。（此节当移置民国二十八年。）

侍从室第四组组长易人，汪日章调行政院秘书，以陈芷町（方）为组长。侍从室第四组，余早有提请易人之意，盖最初设置（旧为第二组）之时，仅为官邸须有人司收发及来文分配之责，故如毛如汪，均非谙习公牍熟习政务之人。近年以来，蒋公身任要职，文书萃集，抗战以后，党政各方请示裁决之件尤多，若无适当人选，明悉系统，擅长处理，且能文词，则余必事事亲理，既不胜其烦又必至误事也。去夏庐山谈话，芷町愿来相从共事，抗战起后，即调来京，乃为张秘书长调入军委会秘书厅任机要组长，今军委会已改组，芷町可来侍从室，余遂为请于蒋公，以彼担任四组事。芷町才具敏瞻，且亦勇于负责，而其信仰统帅，感激图报，则在行营时已有甚深之关系，故一般同志或有以其曾从杨畅卿共事，而疑其或有派别作用者，余则深知其空洞而平直也。

战事范围日广，各种专门问题，固待搜集材料，分类研究，贡献统帅，而各方条陈或请示裁决之件，有时亦非先经签拟则统帅无从加以审择决定者，（战前数年，熊天翼诸人即力劝蒋公宜在左右有类似智囊团之组织，当时余力主慎重，以智囊团之延揽，亦必须有人主持推荐，若以见闻不广审择不周之人任之，则南昌行营之设计委员会，即失败之前车也。中国专家有限，有学问而又能以公心奉职、不植党羽、不存个人夸耀观念者更不多，智囊团云，谈何容易，故余只主张宜延揽有专门学问更通晓政理者若干人，以备咨询，或奉交研究审核专门问题以为献替，智囊团之名称，余始终以为不宜适用于中国，盖何从得此人选耶！）加之各有志之士，愿自效者甚多，蒋公既不居行政院之任，亦宜有一直属之机关以资延揽，爰请于蒋公，在军委会内设置参事室，蒋公许之，命余草拟组织以呈。钱主任以告何参谋总长，参谋总长不明余意，以为又多一骈枝机关，余为解释其作用，卒获批定，派朱骝先君为参事室主任。

蒋公命撰拟《国民精神总动员纲领》，余以精神总动员为敌国所倡之名词，吾国似无须沿袭用之。蒋公谓不然，总理教导国人革命救国，即以军人精神教育为最要典范，所谓精神力量居其九，物质力量居其一也，敌人虽用此名词，亦何害焉。且吾人正宜提倡精神制胜之重要，发挥我固有道德与民族精神，以奠立千秋万世之精神国防，即在目前亦应以倡导创造物质，爱惜物质，集中精神力量，克服物质困难为先务，故此一运动必须提倡，可与邵力子先生共商之。力子方任宣传部事，乃告力子，请先拟办法及说明文字，而《告国民书》则俟后撰拟。越一月，力子以初稿来，云为王冠青同志所起草，即为呈阅，蒋公命再与张季鸾君研究之。季鸾陈述意见颇多，余等坚请彼别拟一稿，张君允焉。嗣将二稿并呈，迟迟未决定，至初夏，又命余并合两稿之要点，别为一文，又另撰《告国民书》，即民国二十八年所发表者之底稿也。

是时一般舆论，渐次认识长期抗战与全面持久抗战之意义，报章杂志之要求为一面抗战一面建国，而蒋公深思远虑，其所着眼者又不仅战争有形之消长，而为战后复兴与改造民族之大计焉。

三月，举行临时代表大会于武昌，（先时议决开会地点后，林主席等尚怀疑，以为应在国府所在地开会，盖误以为汪所主张也，及知为蒋公意，乃欣然赞同。）在珞珈山武汉大学开会，会期先后十日，蒋公有极痛切之开幕词，会议中会场一致议决修改党章案，推蒋公为总裁，而汪副之。盖蒋公意存谦让，以汪为革命旧人，望其兼负领导革命之责，然汪于接受推举之即席演说中，即有不自然之情态见于词色，余等皆察觉之，颇引以为忧。代表大会又通过《抗战建国纲领》为全国一致信守之准则。《抗战建国纲领》者，盖为申明战时政策，集中全国意志，俾党内外一致奉行，说者谓其效力与训政时期之约法相等。此稿初时似为陈豹隐或谭平山等所拟，经余及岳军、希圣、公博、雪艇等研究后而提出者。临时代表大会举行以后，接开四中全会，更定党部组织，添设海外部及社会部，以立夫为社会部长（立夫等原拟设置职业、文化、青年、妇女各部，党中同志多不赞成，认为太繁复，故最后决定先设一社会部云），又决议设置三民主义青年团。

临时代表大会之前后，尚有一事宜补记者，即蒋公对于党派问题之态度：蒋公以为中国问题，不仅在对外，而尤在对内能否集中民族力量以建国，中国之困难，亦不在战时而在战后如何奠立民族久远之生存，若当此抗战而犹不能造成一个信仰，一个政党，一个意志，则暴日驱除以后，内部思想斗争之排拒仍伏争夺相杀之端，而眈眈旁伺者何止倭夷一国，又安保无第二次国际侵略之祸患。蒋公之理想，以为与其用政权力量抑制其他党派或思想之存在，不如融合其他党派于一个信仰——三民主义与一个组织之下，共为国家民族前途而努力。简言之，即化多党为一党，而后公政权于誓行革命主义之民众。顾犹虑其他党派（如中国青年国家社会党及中国共产党）以合并为嫌，不能使其党徒谅解，因之主张苟各党能赞成合并，则中国国民党可更改党名，或酌改组织，以泯吞并或降服之嫌猜。此种意见，于会前曾向各党派负责人坦白说明之，中国青年党表示可接受，国家社会党允可考虑，独中共负责人秦邦宪、王明等坚决拒绝，谓合作可，合并则不可，此议遂寝。然《临时代表宣言》一再申明勤求全国有志之士共为实现三民主义而努力，并引总理由兴中、同盟会以来每改组一次，即多吸收一批爱国革命分子以为例，盖即此等意志之吐露也。《临时代表大会宣言》为汪之手笔，余等均参加讨论，仅修改字句，未更动其内容，蒋公谓此文语意轻重未尽当，而主旨大体不谬，独戴君季陶颇加訾诃，谓此文实毫不足取，与第二次代表大会宣言同其芜杂而散漫，此实亦有所偏蔽也。

临时全国代表大会后，为集中意志力量，决定将国防参议会结束，另设国民参政会，以为抗战期中集合民意之机关。

自五月至七月，蒋公筹划设置三民主义青年团，余承命准备文字并参加讨论章则规制，颇费心力。蒋公设置此团，起意于去年在南京时。刘健群曾为拟宣言及《告青年书》稿，但蒋公必欲余改撰，余自京至汉，对于此文，凡五易其稿，终觉不惬意，最后所发表者，乃潘公展君所起草而余为之酌加修润，并经蒋公亲自核改者也。

是年夏季甚热，且常有空袭，余有时至郊外珞珈山暂憩，晨往而下午归。

某口，敌机袭武昌，余所住之胭脂坪房屋十余丈外落一弹，附近蛇山落弹甚多，余等在防空室内受震动甚剧，键开灯灭，事后检视住所，屋瓦颇多震毁者，或谓敌人误以此地为统帅所曾居住者，故如此疯狂。朋辈闻讯均来慰问，蒋公亦嘱余慎之为宜，然公务在身，义不可避，亦只听之而已。

六月居书记亦杰以亏款误职，余迫令辞而为之垫归款项，电招翁祖望弟来侍从室服务，补居之缺额。不一月，七弟亦由浙来，为介绍入参事室任干事。时骊先因有他职务，参事室主任改由王雪艇君担任之。

七月初，为蒋公撰拟《抗战周年纪念告全国军民书》（另有《告友邦书》为张子缨君初稿，《告敌国民众书》为郭沫若君所起草），蒋公未及口授大意，但言必将武汉保卫战之必要插入此文，以唤起军民注意，盖马当失陷后，敌氛渐向西侵云。张季鸾君评余此文为"淋漓酣畅，在统帅昭告全国之书告中当不能更详尽于此，篇幅虽长而不觉其冗，气势旺盛，通体不懈，是抗战前途光明之象征也。"

七月，国民参政会第一次大会开幕，以汪为议长，张伯苓先生为副议长。

七月九日，三民主义青年团正式宣告成立，设临时干事会及监察会，余被指定为临时干事兼常务干事，朱骝先君代陈辞修为书记长。

八月十二日，草拟《八一三告沦陷区民众书》成，呈蒋公核改，蒋公批改指示甚详，已发紧急警报，予仍在室中伫立约十分钟，又适有德人某君来辞行，蒋公已至楼下，再返室易服以见之，晤谈又约十分钟，始下防空室，是日敌机炸省府，东西南三面投弹处均甚近，顾半数未爆炸，余与希曾、唯果、国华诸人均在室内，闻炸声亦不大而空气震荡甚剧，事后出外检视，则省府邻近被毁之屋宇甚多，敌人之疯狂，可见一斑，然同人均无恙，仅卫士二人受伤而已。

钱慕尹君于夏间调任航委会主任，侍从室第一处主任改委林蔚文先生兼任，以邹竞为副主任，希曾任第一组组长。

六月，李唯果君调任侍从秘书，凡有会议及接见宾客，均命列席。唯果学识通敏，不矜炫、不懈怠，一心以服务领袖为职志，对同事又极和洽，相处愈久，愈觉其可敬爱，盖第二处中才能品德并佳兼胜，惟此一人为最难得也。

八月下旬，迁寓汉口两仪街办公，此为农民银行叶琢堂先生所赁之宅，余分其一室以居，楼上则农行汉行长王伯天君居之。伯天义乌人，伉爽有豪气，能当危难而不变，商市中不可多得之才。其时蒋公移节汉口中央银行，侍从室职员均迁汉办公。

自七月以后，中央党政机关多迁重庆，汉上渐感寂寥，蒋公谓外交、宣传两部要员宜驻统帅所在地，乃电召徐次长叔谟、佛海来汉，至十月中旬，亦先后回渝。

十月二十一、二日，在敌机终日盘旋之下，承命起草谈话及宣言等稿件，约学素来为余助抄写之役，学素镇定不惊，亦自有可嘉者。其时侍从室已奉命令于二十三四以前迁往湘省，指定在衡山附近集合待命，第一批萧秘书等于二十一日夜间起行，希曾组长坚主余亦于第一批离鄂，但因工作未竟，再留一日，遣车先行，决乘船动身，以此意语林蔚文主任，蔚文略沉吟，旋答曰：小船亦佳。（事后告余，谓车行较舟行为妥，当时即拟劝阻，而方草作战命令，未毕其词也。）

十月廿二日下午五时，谒别蒋公，蒋公谓汝尚未动身乎？余答即晚五时后开船。时何雪竹总监亦来谒别，侍坐十余分钟而出，殊依依不舍，返寓进餐毕，即与芷町、学素、祖望、唯果、达程诸人下顺江渡轮，于暮霭掩映中离汉口矣。

十月廿三日下午一时，舟过新堤西十五里许之王家镇，晴空无云，余方在舟中卧室外小厅与芷町、祖望闲谈，突闻有敌机三架掠余舟而过，亦不以为意，不数分钟，此西行之机又掉首东指，始觉其有所企图，即闻轧轧之声，则已侧降，对我舟以机枪扫射矣。余等即卧倒于所居之室，旋枪声略止，余与芷町同入卧室僵卧于地，并引被覆身，而第二次之扫射又作，时余心尚定，瞑目自持，念抗战时期，前后方牺牲者多矣，余生平虽无大贡献于国，然立身行己，差无愧怍，余父四十九岁弃余等而逝，余即不幸被难，而长儿亦二十五岁矣。至此心愈宁静，然芷町忽呼余曰："吾老母将奈何？"闻此语为之凄然。未几，学素狂呼奔入曰："主任，余已受伤矣！"即移出位置令其卧于余侧，出毛巾嘱陈清为扎其伤口，机枪稍停又作，上士杨某急奔入扶余直趋底舱，知卫士六人受伤，而船上之大副及船员二人亦均受重伤矣。在底舱闻枪声不甚清晰，约又扫射二次始向西飞去。至是船已不得前行，且已有因伤而毙者，邹副主任效公乃命舟人停泊于江岸，船中诸人均登岸入乡村小憩，顾不辨道路，余等一行随效公前进，乃陷足泥涂中，始尚可行，稍久力乏，愈思举步，而陷泥愈深，勤务吴均背负余以达隔河之村间，检视伤者，饮以茶水，并共出所携白药为分敷之，同行五组钱司书瑞麟招集当地人民，扶救伤人，指挥运送，颇见干练。及天色薄暮，仍下船，驶回新堤，将卫士之死者嘱公安局暂为掩埋标志，伤者亦分别送院治疗。以引港及船员已受伤，别雇二人，并以前路或有危险，拟改道至沙市，然后循公路赴湘，以过洞庭湖时恐再遇敌机，故宁迂道以赴。自是舟行较缓，至二十六日下午五时始抵沙市，登岸往访警备司令部友人及公安局长，知何雪竹、徐次宸两先生亦在沙市，住交通银行，相见道别后状况，雪竹谓早知如此，余必约君车与余等同行矣。次日，船泊沙市一日，至晚动身，自兹经公安一宿，二十八日由鄂入湘，过常德又一宿，二十九日，经宁乡、湘乡、湘潭，以达南岳市，到时已黄昏后矣。询知蒋公已于前日到此，正往长沙处理大火善后云。

十一月一日，移入南岳山中写经台暂住，所居为李觉师长之宅，极坚固轩爽，嘱芷町携四组职员三人住楼下，余与祖望居楼上，发快函达重庆告平安抵湘。自是居南岳凡两星期，蒋公曾回山一行，住三日即再赴长沙，约英大使卡尔会晤（余未随行），旋侍从室会报决定分批赴桂林，乃于中旬某日偕芷町、唯果、祖望等由衡山起程，先一日下午六时许动身，次晨九时入桂林市，寓乐群社。入桂境后地方瘠苦情状，迥异湘省，然山势之奇兀，与画本无异，乃第一次得见者也。

住桂林约三星期，初时甚闲，无甚多事务，各处来电择最重要者电达林主任，余均暂置之。与桂省党政当局相往还，觉其特点为朴俭勤劳，而规模不宏，盖地理环境限之。此间熟人不多，鄞县庄仲文（智焕）方任桂林市筹备处长，招待甚殷，陪同游览七星岩、月牙山等处，惜未往阳朔也。

月终，蒋公自衡飞桂，余乃移入藩署八桂阁内办公，距蒋公官邸才隔一门，蒋公时时过庭中游览，摩抚庭间桂树，测其径度，告余曰："此民国十一年随总理到桂之旧游地也。"

蒋公决设置桂林行营，以林蔚文主任为参谋长，辅佐白健生处理粤、桂军事。侍从室第一处主任，则命贺贵严（办公厅主任）君兼任之。

在桂林日，蒋公稍暇即召往谈话，所谈均第二期抗战中精神致胜之要点，对敌相近卫所唱之东亚同体与连环互助关系，痛斥之尤力，谓此种桎梏，将断送民族运命于永久，较诸军事占领为尤烈，万不可中其奸计，宜愈战愈奋，与之作精神斗争。凡口授四五次，命记于别册准备撰一长文。（此种言论惜不及令汪精卫、周佛海于当时得闻之，否则彼等或不致失身作汉奸。）

蒋公又命电告汪、朱（骝先）准备一月中召开五中全会，并指示应拟提案之要目，皆党政建设之急务也。

十二月七日，由桂林乘机飞重庆，本与蒋公坐机同时起飞，然气候恶劣，蒋公之机竟未行，余机先开，冒恶劣之天气前进，几迷失方向，在涪陵降落，询明途径后续飞，傍晚始抵渝。则允默已先一日自北碚来迎矣。到渝知佛海已于五日赴昆明，余即暂寓其新租之住宅，夜九时往访汪先生，再三询余战局意见，事后觉其容止不甚自然，然当时不甚觉察也。

蒋公以八日抵渝，九日在黄山约孔、汪、王（外长）、叶、张等谈今后抗战要计，孔等屡以国际形势为言，蒋公止之曰："勿问国际形势如何，我国必须作自力更生，独立奋斗之准备。"汪亦未有他语，仅谓"敌国之困难在结束战事，我国之困难在如何支持战事"而已。其后蒋公有小病，汪于十六日单独请见，蒋公犹扶病与之详谈二三十分钟，始终未提和战之意见，不谓未及一周，即潜行入滇而离国也。

蒋公病愈后即赴西北视察，余未随行。二十三日，赴北碚省家人，住三日而归渝，儿女久不见，重叙极欢。

二十六日，为蒋公撰拟《驳斥近卫东亚新秩序》之讲词，此文以一日之时间草成，张季鸾君谓为抗战期中第一篇有力之文字，经蒋公再四审阅，于二十八日发表，次日，汪精卫即在河内发表其响应近卫声明之艳电矣。

民国二十八年己卯（一九三九）　五十岁

　　元旦团拜毕，召集临时中央常会，讨论对汪发表艳电之处置。初时蒋公犹欲处以宽大，已于先一日嘱余拟电稿，将晓以大义，为留悛悔余地，但会议时群情激昂，林主席及溥泉、稚晖诸公均极愤慨，卒决议永远开除其党籍，并发表决议文昭告全国，以明邪正之所在。

　　一月下旬，举行第五次中央全体会议，开幕之日，蒋公有极详尽之演词，说明敌国必败与抗战必成之至理。在全会期中，蒋公出席讲演六七次，余整理讲词纪录，随到随办，毫无留滞，复参加起草宣言（季陶主持其事）盖年来体力精神，以此一时期为最胜云。

　　一月十九日，吟兄在余寓，以惊愤失常，突发生厌世观念，服宁神药过量，殆次晨发觉，医治无效，竟尔逝世，客中遭此惨变，悲感不可言喻。

　　二三月在渝照常治事，为蒋公撰拟文字，以此时期为最多：《行的道理》《政治的道理》及《三民主义之体系与实施程序》皆此时期所属稿者也。而各种纪念文字如《新运周年纪念》等文，写来亦觉顺利，此二三月中，为近年工作最愉快时期。

　　五中全会以后，改以叶楚伧先生任宣传部长，其他各部无大更动。唯国防最高会议，改组为国防最高委员会，将中央党政军各机关主管长官悉任为国防最高委员会委员，蒋公自兼委员长，设秘书厅以张岳军为秘书长，余为副秘书长，秘书厅设三处：总务、审核设计与议事，第三处即中央政治会议秘书处并入之。另设参事八人，设计委员若干人，原隶中政会之各专门委员会亦改隶焉。

　　本年，蒋公所最致力者，军事而外，为干部训练，为县政建设，

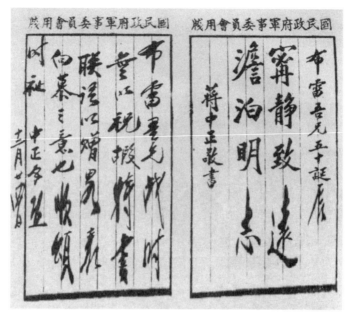

陈布雷先生五十寿辰时，蒋介石祝贺手书

为经济建设。第一事由中央训练团分期举办党政训练班。第二事则颁布县各级组织纲要。第三事以牵涉繁多，未有所兴举，然备战区经济委员会之设置，金融机构之调整，及工矿交通之督促改进，蒋公无不昼夜筹策以赴之。

四月以后，余身体精神忽大感疲惫，竟日昏昏，作事无力，夜间又常失眠，且目眩手僵，病态百出，而骨痛腰酸，头脑晕重，更为习见之现象，以事务甚繁，未便休息，仅于万不能支时略请短假而已。蒋公及蒋夫人察知其事，乃于四月底嘱余移地疗养，蒋公初命余赴昆明休息一月，余恐有不便，未果往，然蒋公又函谕谆促，乃于五月八日离渝。

五月八日到北碚，十二日移往缙云山中之石华寺。缙云山原有相思寺，系唐时古刹，近年设汉藏教理院，由太虚法师之徒法尊任院长，彼此有交谊，余乃赁其别院之石华寺东厢以居，凡休养五十二日，其间即在山中为蒋公补辑民国十六年以来各年之日记，盖原本藏置地下室，日久为水浸入有剥蚀者，蒋公命余为之整理并督抄副本，调金省吾及郭子猷两君上山抄写之，其不可辨认者，余则为查补重订，凡六周而毕事。又为蒋公撰《科学的群众时代》之讲演，并复阅训练团讲稿多篇，虽在休假中亦仍有相当工作，然山中气候凉爽，每日必外出散步，居月余，诸患渐除，乃于六月卅日下山回渝销假。

七月初旬，精神复原，为蒋公撰拟并修改《七七告军民》《告友邦》《告敌国民众书》，又撰发激励将士通电，其时并有若干对外之函札，均一一如期撰拟未愆期。然天时渐热，暑中居室逼窄，蒸郁殊甚，又不免影响工作也。（允默及旦姨等留山中未归。）

成都忽起反对王主席（缵绪）之风潮，扰攘甚久，由所谓七师长者发难，而政客从中播弄之，严诫婉劝，均无效果，最后王主席请命出川抗敌，蒋公乃决定自兼四川省政府主席，以贺国光为秘书长。

八月，王宇高（墉伯）、孙诒（翼父）、袁愚常（孟纯）自奉化奉召来渝，入侍从室任编纂员，掌编纂蒋公十六年以后之事略事宜，隶第五组，由余督导之。

十月三日，随蒋公赴成都，住四道街陈武鸣先生家，蒋公就川省府主席职，并召集党政军绅耆学界各别指示建川要点，先后住两星期，十七日回重庆。

十一月十二日，举行第六次中央全体会议，蒋公出席训话凡八次，有极重要之外交演说，对欧战发生后之抗战形势，分析指示，至为详尽。会议凡九日而毕，调整中央各部会人事：以楚公为秘书长，骝先、雪艇、谷正纲、吴铁城分任组织、宣传、社会、海外各部长，并加推王泉笃、王秉钧、张厉生等为常务委员。在行政方面，则决议蒋公兼任行政院长，孔庸之为副院长。

余自十一月下旬以后，旧疾又作，是时允默等已挈两儿自缙云山来渝，百般为余调治，终不见痊，且胃肠日见薄弱，人亦渐消瘦，故十一、十二两月，对公务乡所旷误，自问精力年不如年矣。

十二月二十六日，为余五十初度，大哥、四弟等先后来函问讯。是日蒋公手书"淡泊明志，宁静致远"八字以为赠，勖勉期许之意溢于言表，真不知何以报其惠也。

附录一 书 信

致沈剑侬函

——民国元年三月六日

剑侬足下：

去腊辱手毕，未报歉。弟以阴历年假暂返里居，息景敝庐，略无佳况。岁暮风雪，弥怀旧雨，方俟新岁稍修书问，而天降丧难，荐遭骨肉。弱弟之墓草方滋，女婴之凶问又至。姊氏希则女士，长弟二载，幼习诗书，稍解讽咏，君所知也，自先母见背以来，家政巨细，匪所不操，荏弱之身，积以劳瘁，坠心丧志，戚戚靡欢，遂尔疢疾婴身，幽忧为抱。方于去秋言归冯君木先生为继配，私谓得丽才人，没齿无恨，而结悦未久，旧患转剧，床蓐淹棉，困顿滋甚，今正八日，力疾归宁，病陷膏肓，医穷扁鹊，竟于元夕溘逝母家。呜呼痛哉！命拟秋罗，寿同朝露，凡在行路，闻之兴哀，矧在弟景，何以堪此。剑侬试思，折翼截指，宁逾斯恫？弟自经此厄，肠断心灰，极目怆怀，都非人世。何期祸水滔天，波回浪叠，邹子亚云复以呕血吴门，一棺旅死，荒荒泪海，已涸枯源，漠漠阴云，又酿新痛。嗟乎剑侬！人孰无情，畴能遣此。弟与亚云不通闻问已逾三月，今正得其手书，言襄理选举，偶婴小极，弟与甬上诸同志均谓亚云以不徇流俗之人，处此长诟丛尤之地，用违其适，致病之由，然固勿谓灼灼春华，竟此先谢。嗟乎剑侬！生为文人，例受天厄，艺芳兰于萧艾之丛，逐威风与鸡鹜为伍，才命相妨，宁有生理，来书致慨于天饕之酷，抑何持诣之平耶？所可痛者，亚云连年奔走，未毕昏娶，戞戞衰宗，犹虚似续，栖栖弱弟，久困风尘，此则触念怆怀，弥今后死者洒无穷之涕耳！亚云死后，柳亚子为撰一传，登诸民立报上；南社诸子，更为搜集遗著，寄载斯报，两间泥爪，仅托空文，编撰流传，责在后死。亚云与君缔交凤昔，缟绽之谊，不同寻常，写悼抒哀，宜有佳撰，脱稿之日，幸以见示。年来朋侪益复凋落，同郡虞梅洲，去腊客死沪上；杭州金步瀛，亦以今岁疾殁于家；两月之间，三丧吾友，徐、陈、应、刘，一时俱逝，视天梦梦，如何可言。陈散原诗云："世患令人老，余生能几哭。"咄咄剑侬！此际况味，宁堪为外人道耶！春寒尚厉，万万自爱，勉摄病躯，以慰朋旧，临书气咽，不尽欲宣。

（原载 1914 年 5 月，《南社》第九集）

致柳亚子函

——民国二年三月七日

亚子足下：

久不通问，维动定如何？颇用为念，连日春云层叠，若助愁吟，不知足下追悼亚云，挥几许伤逝之泪，弟既痛死友，复哭女婆，神昏志瞀，不类为人。偶思作书问，驰讯朋旧，而提笔屡止，辄不觉奇泪琅琅，洒满襟袖。盖胸腹空际，已为愁绪千丝萦绕殆满，更无余地容他感想。间尝自念，下走此际，藉能摄魂离壳，飞就亚子，月黑枫青，恐亚子不信布雷尚在人世。咄咄书空，呜呜雪涕，嗟乎亚子！令北海之言，而信此子合以忧死矣。昨作一书寄山阴沈剑侬，稍写日内幽忧之况，兹录寄一通，亚子读此，当知下走近日心境为何如也。亚子为亚云作传，情文周挚，真能传亚云之为人，三复感喟，叹未曾有。弟虽不敏，亦将打叠幽怀，继作一首，纵未足增益亚云，亦为找二人交情留天壤间一段伤心之纪念。嗟乎亚子，逝者已矣，昂藏七尺，蜕此尘寰，怆恍微名，方期速朽，而临风雪涕，结习未忘，独有后死最难为情耳。吾子秉性肫笃，动际困穷，悠悠邻笛，未愗山阳，脉脉哀潮，又咽练浦，残月晓风，微吟低唱，悬知此际，伤心未易一一为外人道也。惟爱惜景光，慎时自保，不尽缕缕。

训恩再拜。

三月七日

（原载 1914 年 5 月，《南社》第九集）

致章巨摩函

——民国二年

巨摩足下：

急景飙驰，尺波电谢，与子一别，转瞬初夏。人事牵率，音问亦疏。犹忆昔者，巨摩尝言，吾辈遇合，匪同寻常，纵有暌离，宜勤书问，庶展简翰，不啻把挹。谆谆此言，犹窦予耳，而惠书四札，仅答两笺，念兹汗出，勿敢求谅。若托故丛脞，自诿疏懒，陈语肤辞，动辄满纸，世俗之行，抑尤无取。承设教沪滨，弦诃一室，门人故旧，晨夕晤对，人生在世，贵于适意，私谓巨摩亦复得所。而坌展来教每多苦语，寻楮绎墨，若横重忧，至谓天生巨摩，畀以僻性，仰体帝心，勿敢自怿，矢志若此，毋乃太苦。嗟乎巨摩，吾辈大患，乃在有识，触目怆怀，遂勿能已。巨摩秉性孤耿，最厌尘嚣，群动喧逐逐，视同大敌，而海上市声谇阗滋甚，万滓所归，驱侩斯宅，幽忧之身，涸兹泥淖，潦倒抑塞，畴曰非宜。虽然，下走于此，则自有说，天生巨摩，被以奇厄，孱骨嶙嶒，所如勿遇。是则然矣，必谓抱此境遇，长日怨咨，课茧自缚，以当天意则惑也。先哲垂训，违天不祥，世彦恒言，人定胜天，介斯二义，必有中道，斟酌审夺，庶乎得之。不然，有史以来，逐臣羁士，遭际困踬，填海移岱，勿渝此志，山穷水尽，忽现康庄，岂少也哉？炼石五色，期补颓天，尽其在我，勿计其他。巨摩斯时，宜师此旨，抑人生品汇，万有不齐，七宝楼台，登陟靡尽，九幽黑狱，每降益深，苦乐相去，宁有限度？暂罹困厄，便尔怨嗟，出喟入叹，毋乃不广？层渊之下，容觅衢路，余生穷饿，且餐甘荼，抱道之士，有为之者，岂谓今贤，遽不相若？吾为此言，出于诚悃，巨摩若谓事有难行，匪言之艰，观火隔岸，泛作慰语，宁计当局痛切革肤，则剖胆输肝，勿敢自白，要惟巨摩谅之而已。自与子别，德业益荒，舍己耘人，日就颓废，循晷主讲，俨同机械，恐遂堕落，勿克自振。言念及此，毛骨为竦。亦惟巨摩，有人命之。迩来世局变迁，刹那万幻，江汉澎湃，又酿新潮，幽冀风云，忽蒙妖雾，巫阳来诏，曰非佳朕，波印空言，恐便实现，吾侪屠夫，手无寸柄，新邦佐命，实愧追随，胜代遗僚，羞同履戴，天地虽大，托足无所。笑口啼颜，都无一可，何当吞炭佯狂？洗耳终隐，避秦有术，愿共图之。

（原载 1914 年 5 月，《民权素》第十二集）

致柳亚子函

——民国元年

亚子足下：

损书具悉。沪上一别，荏苒又及两月，握别之际，自谓此后当勤书问，自返里后，故态复作，疏懒益甚，食言而肥，殆弟之谓矣，思之行自笑也。《子美集》出版后，少屏即寄一册，九集亦收到，希勿念。生活停板，自意中事，弟不暇为细民生活，惜此导师，独念诸同志流离江表，托迹其间，比诸囚龙槛凤，已为可怜。胡天之虐，乃并此狴囹，亦复靳而不与，叔季文人之生活，不更可雪涕欤？避署里居，已及五日，况味如何，亚子知我，无难逆亿而得，固无烦自陈梗概也。比有友人，自京师购陈石，文集见示，颇具义法，亦见性情，惜序文大言不惭，几有并世无两之概，闽人风气如此，正不徒此翁为然耳。暑暇后仍理旧业，非曰乐此不疲，亦排遣余生之计，不得不尔。其实倪嗣冲亦解讲经，我辈只合耰锄棘铃，向垅亩间觅生活也。金玉如是否嗫社社员，此君英英后起之秀，曩在甬演艺，倾倒一时，弟为此人，亦曾饶丰千之舌，公询彼何为？岂此君有卷土重来意耶？道子不甘岑寂者，蛰居松隐，何所排遣？叶少校旌旆又向何处驻节？剑华钝根，飘零何所，梁月沉沉，残梦醒后，第觉此数子憧憧予心不已，公如垂悯，勿吝见告。君武诗集，昨承少屏邮惠一帙，读之仿佛其人，此君固不以诗鸣，唯镕铸万汇，自成一格，倘令浅儒见此，斤斤以格律相绳，斯体无完肤矣。译作更有灏瀚流转之妙，与曼殊以宛丽腾，真堪各树一帜。曩在沪见此君服御，喜效德文家贵堆装束，知其心仪已夙，安得与以数月之暇，俾尽译贵堆之着饷国人耶？弟近来颇有意学诗，而心孔无一穷灵通，邯郸学步。疑沮满前，执事倘不以其陋而指教之，即以此书为赘，何如？佩宜夫人清恙何如？无忌尚忆旅馆负荆人否？书不尽意，敬问起居。

训恩再拜。

（原载 1914 年 8 月，《南社》第十一集）

致胡寄尘函
——民国元年八月

寄尘足下：

　　于太平洋文艺栏获惠笺，知以下走近况，劳君致念，感激何极。弟于四月之末，应楚伧、少屏、亚子、道一诸君之招来申，盘桓醒数日始返，满拟趋叩起居，会令兄朴庵告我，寓址僻远，过存不便，是以竟不相扰，度寄尘悉此原由，亦必能见谅也。弟近来避暑乡居，荒伧无度，科头跣足，日伍村农，颇有溪山，足供游眺，寝食而外，都无事业。惟于风露清白之夜，偶忆故人，辄不胜天各一方之感耳。犹记去秋某日，访寄尘某报社，寄尘方抱苍水集而眠，清梦竟为所扰，起视望平街，天昏如墨，人多于鲫，时于万头攒聚中，闻若断若续之拍掌声。寄尘顾予，此人心向背之摄影也。遂偕至第一行台，以酱牛肉和玫瑰酒大啖狂饮，抵暮方罢，此时心中盖不知天下有难事矣。今情事历历，犹在目前，而往日乐观，空成陈迹，心绪灰败，复何可言。寄尘闻之，又当如何感喟耶？楚伧、少屏近况奚若，令兄朴庵希代致意。

布雷白

元年八月

（原载 1915 年 3 月，《南社》第十三集）

致柳亚子函

——民国元年

亚子足下：

　　两接大教，暨先公行述，均次第收览，守制庐居，意况萧索，遂稽裁答，非有他也。昨偶至甬，见兄致效实学校之函，一昨返舍，又得兄寄家伯子之信，问息寻消，劳我良友，孤露余生，何以得此？益使我哀感盈怀，雨泣而不能自已矣。自丁大故，继理家务，以不辨菽麦之人，预繁屑丛残之事，覆悚绝膑，自在意中，家门百步，俨若狴囚，动止自由，全遭剥夺。负罪既深，罹凶斯酷，忏之不得，其又谁尤？托根素浅，何堪人事盘错，日相摧残，形质上之布雷，傸然犹在人世，精神上之布雷，早随先君于地下矣。挥涕书此，语焉勿伦，惠子知我，辄敢妄渎，不尽欲言。

　　训恩稽首。

　　　　　　　　　　　（原载 1915 年 3 月，《南社》第十三集）

致柳亚子函

——民国元年

亚子足下：

前辱手教，所以慰喻之者，纤悉详尽，身虽顽石，敢不向生公台前泥首耶？辱询近状，愧无可述。前固言之，精神上之布雷，早已归依忉利，独余斩然在疚之身，涸迹乡井，不农不士，以没吾世，自分文酒宴游，长此无望，即车尘马迹，此后亦勿复再有布雷片影矣，言之伤心。属题分湖旧隐图，俗尘万斛，那有好怀，名纨良素，岂容伧荒点染耶？公既有命，容俟稍暇，净扫斗室，焚香澄虑，如此三日，然后命笔，姑稍待之何如。

训恩叩。

（原载 1915 年 3 月，《南社》第十二集）

附录二　遗　言

临终留呈"蒋总统"书

——民国三十七年十一月十二日

介公总裁钧鉴：

布雷追随二十年，受知深切，任何痛苦，均应承当，以期无负教诲。但今春以来，目睹耳闻者，饱受刺激；入夏秋后，病象日增，神经极度衰弱，实已不堪勉强支持，值此党国最艰危之时期，而自验近来身心已毫无可以效命之能力，与其偷生尸位，使公误计以为尚有一可供驱使之部下，因而贻误公务，何如坦白承认自身已无能为役，而结束其无价值之一生。凡此狂愚之思想，纯系心理之失常，读公昔在黄埔斥责自杀之训词，深感此举为万万无可谅恕之罪恶，实无面目再求宥谅，纵有百功，亦不能掩此一眚，况自问平生实无丝毫贡献可言乎。天佑中国，必能转危为安，惟公善保政躬，颐养天和，以保障三民主义之成功，而庇护我四亿五千万之同胞。回忆许身麾下，本置生死于度外，岂料今日，乃以毕生尽瘁之初衷，而蹈此极不负责之结局，书生无用，负国负公，真不知何词以能解也。夫人前并致敬意。部属布雷负罪谨上。

介公再鉴：当此前方捷报频传，后方秩序渐稳之时，而布雷乃忽传狂疾，以至不起，不能分公忧劳，反贻公以刺激，实万万无词以自解。然布雷此意，早动于数年之前，而最近亦起于七八月之间，常诵"瓶之倾矣，惟罍之耻"之句，抑抑不可终日。党国艰危至此，贱体久久不能自振，年迫衰暮，无补危时，韩愈有一"中朝大官老于事，谁知感激徒媛婴"，布雷自问良知，实觉此时不应无感激轻生之士，而此身已非有效危艰之身，长日回皇，惭愤无地。昔者公闻叶诋总理之言，而置箸不食，今我所闻所见于一般老百姓之中毒素宣传，以散播关于公之谣言诬蔑者，不知凡几。回忆在沧，当三十二年时，公即命注意敌人之反宣传，而四五年来，布雷实毫未尽力，以挽回此恶毒之宣传。即此一端，又万万无可自恕自全之理。我心纯洁质直，除忠于我公之外，毫无其他私心，今乃以无地自容之悔疾，出于此无恕谅之结局，实出于心理狂郁之万不得已，敢再为公陈之。

留交蒋、金两秘书函

——民国三十七年十一月十二日

君章、省吾两兄：

我今将不起，与兄等长别矣。此事并非突然发生，实在从今年夏天以来，即觉我已无生存人世之必要，故请兄等千万勿再请医生医我，（医我我亦不能活，徒然加长我的痛苦，断不能回生也。）善后诸事我不忍预想，亦无暇预言。第一件事，乃为如何发表消息，此事可请芷町、希圣诸兄商量，我意不如直说"□□从八月以后，患神经极度衰弱症，白天亦常服安眠药，卒因服药过量，不救而逝。"我生无补时艰，断不可因此举而使反动派捏造谣言，我实在是自责自谴，无法再生存下去，神经已反常，不能自制也。另纸各事，请两兄注意，深谢相随数年之厚意。畏垒留言。

（一）即嘱叔谅或叔同来（急请其以电话告《申报》六弟训畬，并告祖望弟），说我病危，要其陪内子来京一行。

（二）遗留数函（在公事皮包内）分别投寄。（呈委座函即托宏涛呈阅。）

（三）实之弟如可请假，请其来寓帮同照料，（兰友、芷町两兄，请其来寓主持）他人不必惊动。

（四）宣传小组各件一包（存在铁箱内）（存款簿及支票簿等），君章兄即交黄部长少谷、道藩、惟果、希圣诸兄。

（五）卧室后间橱内，有小箱一只，标明 BSS。内藏侍从室时代历年所办有关外交文件卷夹，此可检交周宏涛兄汇存于机密本案之内。

（六）物价日高，务必薄殓、薄棺、薄埋，如可能则葬我于南京郊外永安公墓（或城内有公墓处亦佳），葬事请于三天至五天内办毕。

（七）寓中新沙发三把及单背椅十把，系宣传小组之物，应移交宣传部。

（八）善后事办毕后，京寓即结束，切劝内子早日返沪，依其姑以居。

（九）可询明内子后，对陶副官送三百元，严尚友（一百元）分别致送酬劳金，以酬其忠实，徐正良亦酌发若干元亦可。

（十）兄等忠勤相随，我无以为报，只有感谢，但此为兄等最后对我之相助，千祈于结束事务多多尽力。

我在床下新皮箱内，尚存有金圆七百元，可以取用，此外只有存农行信用簿及存京大来之两笔存款，为数不多。

临终致张道藩函

——民国三十七年十一月十二日

道藩我兄：

　　弟生机已绝，生命之意义已尽，几个月来之病苦，发成为严重之心疾，以至于不可救，今与我兄别矣。多承厚爱，讵料竟出此不可谅恕之下场，实不配为兄之朋友。立夫兄前为我道别，不及另函。宣传小组弟经管之账略及单据等等，烦兄向蒋君章同志（系藏在我寓铁箱之内）取出后，与惟果、希圣两兄同交黄少谷收，谨托，谨托。并忠诚致谢兄一贯待我之友谊。

弟布雷上

十一月十二日

临终致洪兰友函

——民国三十七年十一月十二日

兰友我兄大鉴：

弟今突患严重之心疾，不能自抑，其几年来屡发屡止之自弃心理以至于此，夙承爱好，兹与兄长别矣。

中政会方面，弟别无交接之事，好在我兄一切均极接洽，必能为我照料，而善处之也。立夫、道藩诸兄前，弟不及略函道别，实亦无颜为兄等之朋友，盖弟虽因自知不堪服务，忧心如焚，自责自讥，以致此疾，然在时事严重之际，在公要为万无可谅恕之罪也。身体衰弱，为人生最大之不幸，昔日季陶兄尝为我言健康之必然，而弟不善保养，今若斯，命也。惟诸兄于可原谅之中，而仍宥恕。

弟布雷谨上

临终致潘公展、程沧波函
——民国三十七年十一月十二日

公展、沧波两兄大鉴：

　　弟以百无一用之书生而妄思自效于党，自效于国，疏脱怠惰，盗窃宁静之虚誉，十余年来，误国之罪，百身莫赎。而近三四月来，健康日损，脑力益坏，思虑日益纷难，自验身心，已无一丝一毫可为非常时期之贡献，累旬自谴自责，致陷极度严重之心疾，不能自己控制，兹病患已不治，将与兄等长别矣。廿余年旧交，谬承爱护，有如兄弟，尚祈于无可原宥之中，体念弟万不得已之心情，而有以垂谅之。拙荆衰年孤苦可悯，而居沪别无可托之人，并望兄等有以存恤而照拂之。临书愧甚痛甚。诸惟心鉴。

弟布雷谨上
十一月十二日

临终致陈方、李惟果、陶希圣函

——民国三十七年十一月十二日

芷町、惟果、希圣三兄惠鉴：

获交完□，情如手足，人生知己之感，何能一日忘怀。惟弟自今夏以来，神经陷于极度衰弱，累月不瘥，又因忧虑绝深，酿成严重心疾，今竟不能自抑其民国三十二年及三十四年时之狂愚自弃的反常心理，而与兄等长别矣。一生辛苦，乃落得如此一文不值之下场，实不配为兄等之友朋。弟之此举在公为不可谅恕之罪恶，但在私则有其无可奈何之苦衷。弟遭时艰虞□而生性孤僻如此，处境之进退无措至此，身心之疲弱无能复至此，其终于出此下策，兄等当能体谅。身后诸事，惟实不忍预想，拙荆今后孤苦可怜，惟望兄等推爱而有以照拂之。文白、岳军、辞修、果夫、立夫、厉生、兰友、沧波、溯中、公展、国桢、乃建、凭远、昌焕诸兄，对弟皆一向爱护有加，今不及一一留书为别。惟祈兄等为我转致最后之敬意。我一生自问无愧做人之道，无负于友朋之期望，乃今得此严重之心疾，而陷入无可求谅之罪愆，命也如斯，尚复何言。兄等年力壮强，尚祈珍重健康。临书依恋，不尽负罪。

弟畏垒谨上

临终遗副官陶永标书

——民国三十七年十一月十二日

陶副官：

汝半生随我患难，我永远不忘，今我身体衰弱，患严重之脑病而死，对我身后事，望汝多负责照料，待我殓殡之后，护送太太回沪，此后汝可自谋生活，以汝之能力，有诸长官扶助，当不愁无工作，而诸长官必能因我之面情，为汝安排工作也。汝见我信之后第一事，就是将五斗橱右抽斗内之小皮夹收藏起来（其中有保险箱之钥匙），又将我的图章亦收藏起来，待太太来京时交之。

临终遗夫人书

——民国三十七年十一月十二日

默君惠鉴：

我鉴于自身体力脑力之衰弱，实觉已不能再对国家非常时期作丝毫之贡献，偷生人世，已无意义，因此数年来所萦绕于心之"决绝"观念，而复屡萌而不能自制，如此对国家不负责任，实为一种无上之罪歉，尤其对君三十年之眷爱，而我乃先君而自弃，竟蹈吟兄之覆辙，自私自了，我实负君，无容可求谅恕。但宛转寸肠，早已思量不止千百遍，我如此下场之后，在君或反而减少牵虑之痛苦。我年将六十，譬如在武汉撤退时，在武昌、重庆轰炸时遭遇不幸，千万望君退一步想，千万勿为我而悲痛。我尚有若干知友，当能照顾我的家属。人生至此，命也，尚何言哉！来日大难，君与令姑太觉孤寂凄凉，可将在国内之三儿召回一人留侍。后事如何，不忍预嘱。我一生爱惜名誉，今乃以如此不仁不义不智而弃世，徒供世斥，有负平生。然事属万不得已，君当了解出此下策，无可奈何。我的灵魂永远依绕君之左右，肠断心枯，不忍再往下写。我的躯体不值一钱，草草为我斥宛，即在南京薄埋之，千万勿为我多费财力也。痛极痛极，惟祝大局好转，国家长存，我虽死犹生矣。

临终遗训慈、训念、叔同诸弟书
——民国三十七年十一月十二日

四弟、六弟、八弟：

兄患严重之心疾久矣。民国三十二年及三十四年均因自感体力衰弱，力不从心，曾数度作自绝人寰之想，而皆因临时之故障以中止。今年春夏之间，虽工作积极，而所接触之多可悲愤之事实，我不欲责人，只有责己。七月下旬以后，神经已陷于极度衰弱，今时局艰危，而兄无能，近日心绪之疲散不实，为力不能集中，精神之痛苦非言语所能形容（最近工作关系本重要，而兄自念身心实丝毫无能为役，焦急不可言喻），今竟不能自抑，而与我弟等长别矣。先父先年仅四十九岁，兄已过父年十岁，弟等不必为我悲，我在此时期作此自了之举，实为无可恕之罪愆，然实出于无可奈何，今以后事累弟等，内心只有十分疚戾，七弟在海外，只望弟等病而死。五妹、八妹、九妹不及一一书告别，今后唯祝天佑中国，大局转危为安，并望弟各自珍重，允默今后孤苦可怜，我意彼可返居沪寓，惟弟等常常看顾而扶助之。临书依恋，不胜手足分离之痛。彦及手书。

临终遗诸儿书

——民国三十七年十一月十二日

泉儿、皋儿、皓儿、皑儿、明儿、乐儿：

　　父素体荏弱，遭时艰危，知识暗陋，而许身国事，性情孤僻，而不合时宜，积是因缘，常患严重之脑病，夏秋以来，病体益复不支，今乃中道弃汝等而去。如此下场，可谓不仁不智之至，内心只有悲惭，汝等不必哀痛，当念祖父逝世时仅四九岁，而父之年已过之矣。国家遭难至斯，社会浮动已极，然我国家之中心领导此廿年来方针上绝无错误，此点汝等或不详知，为父则知之最稔，汝等务必尽忠于国族，自立于社会，勤俭正直、坚忍淡泊，以保我家优良之家风，汝等现在已长大，当无待我之嘱咐。汝母今后之痛苦不忍预想，汝等宜体我遗意，善为侍养，曲体亲心。皑儿最好能转近地，依汝母以居，好好予以安慰护持，明、乐仍修毕学乐，汝兄弟务宜友爱互助。彦及手书。

附录三　时评与政论

干卿底事

久居中国之某国进士，挟其似通非通之汉文，干谒公卿，献媚当道，恶声丑行，久在人口，当民军建义之日，世界各国一致欢迎，彼独首持异议，近复异想天开，投函某报，主张以清肃王为总统，满肚恶浊，酿此狂吠，一种腌臜肮脏气，真令人不可响迩哉！

呜呼！进士，尔邱首之邦，实世界民主政体之先觉，自华盛顿以降，有选举印第安人为总统者否？清廷大命垂绝，即懿亲宗室，犹引避不遑，尔一介客卿，何能为力？茅塞心胸，罔识利害，西半球大陆产此怪物，冤哉！冤哉！

记者尝谓，吾国人习西文不成，降而下之，至于托业卑贱，为当世所不齿，则己耳，若乃外人游华，略解之无，便称识字，附会酸腐，自误误人，此仓颉之灵所为效山鬼夜哭也，我生只有三副眼泪，奈此颜坚如石之四不像何哉？

（原载，1912 年 1 月 1 日，上海《天铎报》）

新国民不可不知

今日之中国，不贵有细针密缕之法律家，而贵有雄才大略之政治家。

大刀阔斧，擘画新猷，初不必沾沾于法理，而自无一不衷于法理，此命世英雄，所为不河及也，浅识之士，引援条例，妄以相绳，自谓知法而不悟，已失其真，呜呼陋矣！

国人既有识别英雄之目力，不可不具迷信英雄之心理，如多疑善忌，信任不坚，是与奸回以可乘之隙也，虽尧舜复生，莫能为力。有一言而可以兴邦者，其国民自信力之谓乎。

（原载 1912 年 1 月 2 日，上海《天铎报》）

近事痛言

人者有理性的动物也，故其爱主义甚于其爱身，苟有利于其所怀抱之主义者，虽牺牲生命犹为之。况在恩仇之见，本非万不能忘者，而忍以此害大局耶？

皓首穷经之士，平昔言论措施，罔不一衷于义理，一入言论界，握管为文，了了恩怨，便尔不能自克。其以攻讦当局为名高欤？抑以独标异帜为新颖欤？是非何日而定，后生小子奚自仰望而取则焉。呜乎！予所为披览近事，不禁惸惸以悲也。

（原载 1912 年 1 月 5 日，上海《天铎报》）

砭顽

　　人亦有言：学问深则意气平。世有躬躬老师，读书不为不多，流连海外，备尝险阻，阅历不为不广，而胸有所蕴，辄悻悻然宣诸笔墨，不惜牺牲大局，取快一时，此种举动，少年浮议犹所羞为，尤而效之，义则何取？嗟嗟，漏舟骇浪，幸获舵工，稍有人心，犹恐多方牵制，以同命为儿戏耶。

　　为告某氏，来日方长，尽有君等吹毛求疵之余地。此时大敌未摧，国基新立，满肚皮不合时宜，只宜强自敛抑，慎勿以执迷不悟，谓文人结习宜尔。请碎吾肉作糜，酿吾血为酒，供君醉饱，愿君万年，但于执笔为文之际，一念黄花岗下之枯骨，今作何状，民国前途拜赐多矣。

　　　　　　　　　　（原载 1912 年 1 月 8 日，上海《天铎报》）

袁世凯听者

袁世凯尔，真无耻小人哉，当民军张北伐之威，尔则觳觫外使之前以乞和。今民国许尔和矣，尔复弄尽狡狯以愚人。一样电文，两种声口，前恭后倨，变卦何速，甚且肆口妄言，以临时政府能否取消为问，咄尔满虏，乃欲取消吾政府，今生今世休再作此妄想。倘不甘死心归顺，愿提刀勒马一战耳。

我从来驳驳劣劣，世不曾忐忐忑忑，此西厢记述惠明之言也。丈夫作事，俊伟光明，何取倏神倏鬼，出没无定？请更审易西厢原句为最后之忠告曰：你休问我民国愿和也不愿和，我先问你北虏敢战也不敢战，袁世凯尔口犹在，趣语我来。

（原载 1912 年 1 月 9 日，上海《天铎报》）

竟有为豚尾作辩护士者

五色旗影之下，憧憧来往，强半仍为豚尾奴，黄帝在天之灵能无痛哭？民军强人剪辫，虽持之过激，或不免启愚民之疑骇，而树义甚正，未可厚非，白日皎皎之下，乃有公然为豚尾作辩护士者，是亦不可以已乎？今有孩提之童，首蒙不洁，徘徊衢路之间，自鸣得意，见者不忍，径就除之，若是者谓之干涉他人之自由得乎？必欲留此不祥之物，永为世界讪笑之资，天下至残极酷者之用心无逾于此。发此言者，其为汉奸，吾无责焉；如为不识轻重之外人，胡装可效，请君入瓮可也。

（原载 1912 年 1 月 10 日，上海《天铎报》）

海天鳞爪

美国庐会督曾在某会，演说纸烟毒之关系，其大害约有九种：一纸烟害骨，骨之长成，赖有一种津液，烟毒能阻此种生殖质，最为妨碍；一纸烟害肌，人之力在于肌，吃烟则令肌弱力微，西国勇士，参透其害，不敢吃烟；一纸烟害心，烟毒能令心脑筋失其功用，伸缩力迟速无定，心有此症，西人谓之纸烟心；一纸烟害肺，烟味入肺，能阻清气流行之路，且肺所发之浊气，与烟化合，则成一种最毒之质；一纸烟害目，烟毒能令目脑线无力，弗克明视，并眼红等症；一纸烟害脑，烟之害脑，人尽知之，如怔忡不寐，并手足忽然震动等症，故吃烟者，既难肩重大之责任，亦难成精良之技艺，如射猎诸事；一烟害青年，青年人吃烟，其害甚于老者，美国有一书院，吃烟之生徒百二十七人，仅有二人能考上等分，与不吃烟者等，又往往聪慧父母，得聪慧子，惟幼时吃烟，遂成愚蠢，此理人每不信，而其事则确有可证；一烟之败行，吃烟者每无上进之望，操守弗定，恶感易人，又时而善怒，只图利己，终则入于邪僻，不可救药；一烟之冤狱，西国罪犯，并强迫改良所之工人，察其幼时，不吃烟者，不及十之一，烟之害人，可胜道哉。虽吃之者未必尽非良善，然各国皆有定律，不准幼童买纸烟，或营烟业，各项大机厂，亦不用吃烟之工匠；美有某省，无论老幼，律不准吃烟。

檀山埠之西妇，现已有争享选举权之思想，联提倡之者，皆有名望之白妇，总督非厘亚之夫人，尤为热心运动本埠之妇人，评论妇人选举事，极热心主张。某妇人教育家，谓彼之意见，不赞成以男人陪审员裁审妇人案件，法律有订明凡为陪审员者，必是被告人之同辈方可，男子非妇人之同辈，不晓妇人之感情意见，故裁审妇人，多有廖误之点。所谓以妇人审妇人者，非欲其姑息怜悯也，岂有以法廷为慈善所乎，不过欲得公过耳。

　　某深识世事老成练达之妇人，论妇人选举问题曰：予何以主张妇人选举乎？因凡能高举男人者，必能高举妇人也。设我辈妇人转而羁绊一男子，仅准其享受一半之权利，不允其享代表之权，惟强迫而使之担任市民责任，吾恐争讦之事必随起矣。妇人者，乃家庭之创造人，凡今日之文明男人，未有以之为家庭中之奴隶者也。惟置之于其侧，而视之为其同辈，则有之矣。若外国之下等人，乃我国下流社会之人民，能享受选举权，予实不解何故，我等有教育智能之妇人，反不能享此权也，凡妇人之有产业也，则要纳赋税；凡妇人之犯法也，则与男子受同等之处待；而于参预政事，则不许之与闻，予以为此实退化之文明也。瑞典京土度荷林之妇人，皆能与男子同样投筹，因此该城之污秽地方，廓清无遗，为今日最洁净华美之城市，男子之反对者，将驳谓纽约一埠之下贱妇人，共有六万名，若准其选举，则必弄成一腐败不洁之政府矣。然予亦欲问此等人，亦知纽约城中有无道德廉耻之男子几许乎，今之公然执政者，亦有此等之寡廉鲜耻者矣。非厘亚夫人，亦谓妇人应得选举权利，与男子平等，若檀山妇人得享此权，彼必视投筹为尖有之责任，如男子之为其政党雄一样云。

　　华盛顿海军军械厂，现造世界最强且大之军舰巨炮一尊，炮口径十四寸长，长五十三寸有半，全体共重六万三千五百六十五磅，炮弹重一千四百磅，每施放一次，须用火药三百六十五磅，轰击弹，离炮口时每秒之速度为二千尺，能于三千码内，洞穿七寸七分厚之克虏伯钢板尺。

　　瑞士人普鲁布君，近用新法制成一种浮水衣，曾在舍尔华湖试演，普氏自身此衣一跃入水，自六点钟至十一点钟，在水中自在游行，与路上无异，绝少倦容，其衣系用树胶造成，免透入水之弊，腰际又备有一囊，可藏应用之物，有护身器械，虽值大鱼，亦不足惧，真航海者必不可少之物也。

　　近年因飞艇之大有进步，遂致人人敢有冒险之思想，拟欲乘飞艇飞于大西洋之上，此系为自欧入美之举。查此法系起于侨居美国之德国报界人卜鲁克特氏，其办法，系照以下意见而定：调查千百年气候之占验，暮春之恒风，颇有一定之力，所行亦有定路，其速力每一小时，约行四十奇罗米突，将飞艇送入风中，前不过五日，即可飞渡于大西洋及纽约，越飞艇拟修之式样，略与平常气球相似，长五十米突，其上截为蓄存素水之用，艇之动机悬艇，约四十马力，此外其上亦安置船舵，然其动机及舵，亦非该艇上第一最要之物，如舵之一物，仅于飞艇遇有将行偏出舵路之外则方用之挽救，如遇舵亦不能为力之时，则其动机方行使用。此外该动机又有一用，如飞艇遇有意外之虞，不能前进，则下水之悬船，即行改为动机之船。飞艇人均载于其上，上载查验气候者一名，医士一名，专疗各疾，熟悉飞行情形者一名，水师一名云。

　　西人林斐与西妇简尼氏同治杀人案，判禁终身，已在因地典拿省尾市近埠之省监病故矣。因其病故也，而简尼氏前时之凶恶手段乃造露，此系美以美会牧师施尔得于林斐亲口所讲者，该牧师现在底都华省曼丕辰大学堂当总教习，兹以林斐既死，不忍终秘，乃照实述出，以示世人之炯戒，使共知女界中有专逞狐媚，一入彀中，则身家性命之祸系之者。据林斐生时之所自认曰，西妇简尼氏卜宅于园中，固寡妇也，貌托相攸，已投入所好矣，被其惑者，彼亦以夫相称呼，始似耦俱无猜，继则乘间抵隙，而旋以迷药，若迷药而未即毙也，即以斧刀登断头台，尽掠其珍贵财物。一千九百七年时，林斐受雇于氏屋，仅八阅月，如是者已索三命，而林斐为之挖穴埋尸，略分赃，某夕以分赃太少，林斐恨之，师其计而行，引一妇到，亦怀迷药，将氏及三子女置之死地，随乃举烛而索其家里物，时得现银六七十圆，乃坐烛于桌而遁，时本非欲焚氏之巢也，惟去后而巢亦为烛烬所殃，氏之全家遂葬火坑。据林斐所称，为氏杀害之三人，一名喜者练，一名璧士仆，一名彼得臣，连引而入之毒而杀之，手段则大略相同云云，彼日夕营营，不惜低首下气，专巴结丑业妇者，亦知胭脂虎当谈色而变耶。

（原载 1915 年 9 月 15 日，《民权素》第十集）

英日同盟之代用品

英日同盟之继续，吾人曾迭次表示反对之意见。诚以英日同盟，不仅关系二联盟国之前途，于英、日、中、美四国均有切要之关系。此同盟而果继续者，日美战争愈有爆发之可能，而中国受外力压迫，益将无可摆脱。是以各方均重视此盟，谓非寻常盟约所可比拟。世界中心之太平洋，今后之趋势如何，固将视此盟约而决定已。中国朝野之反对此盟，亦既公示于世界，自非偏见之徒，决无以今此之事，为由于少数人之鼓动而起者。日本迩来之举动，事事与中国为仇，吾人固直言而不讳，英国明知日本为中国之敌，犹不惜助之张目，则日英同盟继续之结果，势必激成华人仇英之举动；排货之事，吾人亦不敢保其必无。抑美国舆论之近势，对于英日如此亲热，亦宁能无动于中而惹起不平之感？然则战云隐隐，愈积愈深，欧洲不幸之已事，安保其不重演于太平洋耶！

同盟之情势如此，利害之重大如彼，吾人为远东平和计，知吾人之义务，不仅在反对续盟而止；而必当为英日同盟觅取一相当之事以为代。字林报所载英人费却尔特氏之提议，主张"英日同盟永远抛弃，兰辛协约亦归废除；而由太平洋利害相关之英、美、中、日四国，别开会议，以定一远东方面合作互利，各不相侵之新政策"者，庶几近之。费氏久于中国，熟悉远东情状，此之提议，排解纠纷，切中事理，吾人雅爱平和，久成天性，对此提议，宜予赞成。窃愿推论得失，以与当世商榷焉。

其一，在华英商，自始不赞成同盟之继续，一九一八年英商联会之决议可为明证。所以不表示反对者，殆以英国之有力要人，对于印度方面之情势、西比利亚之变迁，疑惧甚深；且恐同盟中断，则日本凭其优势，愈益侵夺英人在华之利益，故英国政府实已赞成续盟，英商确守分际，纵能洞悉华人之激昂，而不欲与其政府取歧异之步趋。是以数月以来，不闻表示，若如费氏所提议，则虽无续盟之名，而其收效当在续盟以上，在华英商固不难以顾全商业利益之名义，对其本国而有所主张，而须忠告彼邦政府，痛陈四国会议，不唯中国所欢迎，亦太平洋诸国之福利，则立论明易，必能动彼国政府之听。以此非无条件的反对，而为有计划之建议也。

其二，英日同盟条款中最能激起中国之反感者，厥为保全中国领土完全之一语。是不啻以东方最大之古国，公然拟之于安南、印度之列，其为侮辱，灼然可知。且中国唯兵力不振而已，唯不能以武力与列强相竞而已，因其积弱而遂以为可侮，又岂近代精神所宜容许？若如费氏所提议，认英、美、中、日四国有均等之地位，开诚相见，以协议四国之利益，则中国人民必为之感奋兴起而自觉其责任之重，其利一也。此四国之会议，既以顾全相互利益为前提，促使中、日两国之争议，得公平之解决，不沦如巴黎会议，有偏私仰夺之现象，其利二也。此四国之会议，纵其始不免因利害冲突而发生困难，然一经协调，则太平洋之平和，可得久远确实之保障，其利三也。且中国因日本军阀执政之结果，日被困于包围胁逼之中，殆已奄奄一息而真成病夫，此痿痹之病象，不独危及太平洋之平和，亦能害及世界之健全，世界各国不可不速起而为之治疗，而治疗之道，又不外乎解除日本之压迫，然而非举行如此之会议，则日本不能自悔其已往之过失，而中止迫害之行动，其利四也。

其三，此四国会议所以必邀美国与议者，则以仅由中、英、日三国会议，不能达欲得之目的也。吾人纵不必疑英国，然不能无疑于日本；若仅由英、日二国会同中国而协商，则日本未必不挟英以相迫，而处事仍难得其平。故非美国参加此会，执行中证人之职务，则会议未必有佳良之结果，且美国在太平洋方面之利益，世人当已公证之，然则欲确保太平洋平和，固非令美国参与会议不为功，诚能如是，则远东方面，所遗者仅有俄国，而俄国俟内争稍息时，固亦得被邀加入于此协定也。

综上所述，可知远东平和之确保，国际争议之调解，第二大战之消弭，皆非此会议莫属。吾人以商业阶级之资格，利在世界之平和，对于费氏提议，尤乐为赞成而不遑，况此议出于在华英商之建议，其去实现之途尤近，故不惮喋喋以告于国人。国人须知，英日同盟固宜反对；然仅言反对，未必遂能中止其续盟，何如别谋根本解决之道，深愿联合全国，建为舆论，分电外部及本国在外驻使，一致主张，一面宜由当地商会协同英商会，联电英国之殖民地大会，俾得乘时讨论，今距殖民地会议开会之期（二十日）不过二日，时机甚迫，愿速起以图之矣。

最后吾人尚有一言以告公正之日人，吾人之仇日，乃仇视日本军阀及野心家，而决非一体仇视日本之人士。日本之国计，长此依野心军阀而转移，宜亦为日本有志者所扼腕。最近东京朝日评高桥政策之非计，数日前之《读卖新闻》，亦有改变同盟性质（谓当扩充为远东同盟，即菲列滨亦宜包括在内，与费氏提议，大同小异）之提议，可见日本人士，未始无广博之胸襟，深远之见解，甚愿权衡利害，扫队军阀之偏见，力谋久远之解决，起与吾人为一致之行动，则中日国民久断之交谊，未必无复续之机会也。

（原载 1921 年 6 月 18 日，上海《商报》）

挽　救

　　吾国自改革以来，迄今十载，举国状态之不宁，几无政治法律之可言；究其罪恶，固无一非官僚、武人所造成。然平心思之，吾人民多数之放弃，亦不能辞咎。往事已矣，及今图之，或尚有一线回转之希望，否则债款重叠、兵匪横行、外人处分，终不能免。加以全国商业之萎敝，各地教育之摧残，军阀之淫威滋长，人民之元气消沉，长此纷扰，中华民族之无统治能力，无可讳饰。即幸而不加以瓜分，而国际共管，不能谓非天经地义之事。言念及此，其惨痛何一非吾人民受之？今日亟起挽救，吾人民宁能诿其责耶！

　　挽救之道，亦非一时之叫嚣呼号，即为能事已尽，应联合国内正当团体，指定适当地点，公开大会，各团体各就其职分内事，决定有系统之办法，公告国人，得其同情，为有力之后援。设有妨碍此国民公认之议决案之实行者，即一致予于相当之对待。吾人此言，虽不过举其大概，然欲解决今日之国是，恐不能外此办法，真正民治，其精神或亦由此实现，努力为之，仍在吾纯粹之平民分子。今日商会、教育会，均有自动的联合集会之举，其他团体所处地位，与所感痛苦，宁复有异，奋袂兴起，其在斯时乎？

　　（原载 1921 年 6 月 18 日，上海《商报》）

答复日牒宜速

当日使第一次提出鲁案节略时，吾人即窥测其用意之所在，将借口"鲁案正由中日交涉，毋劳他国与闻"，以杜绝吾国提出于太平洋会议之途径。故主张根据数年来所持"未签德约"之理由是，立为正式明白之拒绝，使彼不得施其狡计。乃当局既畏国民之反对而不敢径与交涉，复恐日本之责难而不敢决然拒绝，踌躇一月，而始以含糊模棱之词为拒绝之答复。顾日本则认此为吾国当局处境困难使然，拒绝非出本心，乃又递其第二次之节略，以"中国当局曾密示条件"一语相要挟，而求达直接交涉之目的。是此种牵缠纠葛之外交，本由当局自召之也。所可虑者，外交应付一失策，即将使鲁案之正当解决更绝一层希望。据日前京电所传，则谓日政府已训令币原、林权助向英、美政府声明，鲁案正在交涉中，毋庸太平洋会审议。果如所云，固不出吾人之意料矣。在巴黎和会中，吾国以胶济路换义有"欣然同意"四字，遂失列强之同情，而鲁案卒以失败；则在太平洋会议之前，吾国更不当有类似直接交涉之举动，致丧失提案之机会，其理至明，毋烦赘述。而今则日本已向英、美声明矣，虽英、美受其蛊惑与否尚不可必，然使吾国收受其第二次节略而犹迟疑审顾，不为迅速坚决之表示，则半月光阴，转瞬已逝，而日本所谓"正在交涉"者，固将振振有词矣。愿当局勿再以迁缓而误国，愿国民勿再泄沓而坐视当局之误国。

（原载 1921 年 10 月 25 日，上海《商报》）

未来之上海都市

昨日本埠《字林报》来论，因罗税司演述上海进步之历史，白少将预言上海发展之机会，遂涉想及于上海未来之都市，如工人住所、货栈、交通、公园等，均认为必要之布置，而不可不先事筹及者。惟以上海之地位，欲解决上列各事，似有二困难问题。一为旧订之地产章程，一为限定之租界区域。推论者之意，无非以此二者，皆限制外人能力之发展，即为将来上海都市进步之阻力。就已往之陉迹而论，吾人不能不承认其言之确当，使此项困难，果有以解决者，其理想中之上海都市，吾人亦深信其必能实现，故吾人对于此等言论，惟有佩其所见之远到而已。

虽然，上海为华人之土地，上海之发达为华人之福利，则经营上海之责应由华人负责之。华人欲享上海之福利，必其有擘划上海之能力而后可。已往之上海，未能满外人之欲望，并未能满华人之欲望，此应由吾华人引咎自责者。今上海一部分主权，固尚未回复，然其他区域足以为华人造福利者，始终未闻吾华人有具体之规划？今日外人之言，固以华人之不自经营，而其逆料华人之终于无力经营，尤可于言外见之。吾人既佩外人之言之确当，而又不知吾华人之生息上海者，将何以享未来都市之福利耶。

（原载 1921 年 10 月 25 日，上海《商报》）

解决国是与个人面子

国人今方竞言解决国是矣，解决之方策，虽主张容有不同，而其不当徒作敷衍门面之空谈则一也。盖国是而有待于吾人之劳心操思以谋解决，其纠纷殆亦不可言状。谋国者正宜如医家之治病，详察其症结之所在，审辨精当，而后对症下药，庶可以起沉疴。否则为医而讳言病，病将何由而瘳。乃今之所谓称健者，一方言救国，一方又讳言国家之乱。有倡议改革者，则曰："由此道也，是破坏国家之现状，而秩序将以不宁。"顾试问数年以来，秩序安宁者有几省乎？兵燹天灾相因而至，人民之困苦流离、国家之分崩离析，既已有目共睹，不急起而联结大团，谋根本之改造，而犹必曰此可以隐忍焉，此可以相安焉，此可以欺外人之耳目而认我为国际之一员焉。国民顽惰至于此极，国家前途又宁有望哉。

抑尝考国民之所以顽惰至此者，固由于太半国民之无智识，而自命领袖社会之"绅士"群，沾沾焉以保全其个人面子是务，畏难苟安，养成此萎靡不振之陋俗；要亦不能辞其咎。夫"面子"诚当重视矣，然试思今日之中国有何面子者？内政不修，外侮不御，家盗不除，悍仆不惩，无论如何点缀门面，而其秽德之彰闻，实已令人掩鼻而过。国家之面子既丧失殆尽，则为国民者，正宜努力改善以恢复国家面子之不暇，而更遑论一己面子之能否保全？试问国家一旦沦亡，国民个人复安有所谓面子者？故顾惜一己之地位，而兢兢焉不愿显其身以为国家效力者，皆懦夫、蟊贼，其害之中于社会者，殆百世而莫渝。孔门有改过之说，耶教有悔罪之词，深愿自命社会中坚者流，当此国家多难之秋，一衡量其国家与个人之利害轻重，不视他人之晓音瘏口者为无病而呻，奋力以解决国是为己任，则国事亦非尽不可为也。

（原载 1921 年 10 月 26 日，上海《商报》）

秘密接洽与宣布始末

　　日本递其鲁案第二次节略，时逾一周，当局虽叠次会议，主张拒驳，然拒驳姑不论，迁延至今，并日本之来牒，犹未公布，则其中心怯懦，可见一斑。夫鲁案之拒绝交涉，本乎正义、顺乎民心，当局既驳覆于前，则此次有何迟回审顾之必要？意者日本来牒中曾提及颜外长之谈话，及其他当局之密示条件，事果确有，而甚难为驳覆之措词乎。然而颜氏之自白，一则曰此私人之谈话也，再则曰此乃准备向国际联盟所提之拟案而为阪西所抄去者也。仅仅为此含混敷衍之申辩，而绝不堂然皇然宣布其私人接洽之始末，以求谅于国人，则态度之暧昧，诚非吾侪胸怀坦白之国民所能测矣。

　　夫日人以颜氏私人之谈话及秘密抄去之文件为国际正式交涉之张本，固绝无理由，可以痛驳。然当局亦何尝不宜反躬自省，谢罪于国民？试思身任外长者，对此重大问题，何能违背国民公意，妄自发表意见。当局对于国民，辄不肯丝毫泄露其外交之秘密，而对于日使则反披肝沥胆，以陈述希望交涉之至意，诚令人百思而不得其解。更就密示条件一点言之，在颜氏无非以阪西抄去提案为文饰之词，然试问外交提案之拟稿，何以不由外部掌管而入于陆部参事之手，更何以漫不加察而一任阪西之抄去？谓为非得事前之同意，谁其信之？不但此也，颜氏所辩者仅谓此为我国提案之拟稿，而绝未声明日本所提九条与此稿是否相类，足证日本所谓"参酌中国方面之解决案以决定条件"者，要非尽诬。则试问外交当局以违背国民公意，而拟此与九条相类之提案，幸而日本秘密抄去，贸然提出，犹予吾国以驳覆之机；设日本而始终处以冷淡，则依当局之计划，殆将由吾国自行提出此种条件于国际联盟，其误尽国事，岂不驾章宗祥手订"欣然承诺"之约而上之欤？是故颜外长于此，势不得不宣布其私人接洽之始末及陆部参事之秘密行动，或犹可得国民之谅解，不然，恐国民将无恕词也。

抑吾尤有感者，政府当局前此既以秘密接洽之故，外受日本之挟制、内遭国民之责难，则今后正宜力改前非，事事取公开态度，本国民公意以进行。奈何周自齐甫及起程，而又盛传将密赴东京接洽耶？吾诚不知当局何以甘心置国民于不顾，而惟仰承日本之意旨以为快也。

（原载 1921 年 10 月 27 日，上海《商报》）

赈灾附捐又续收矣

此次东南各省之灾况，不减于去岁之北省，人类有共同援救之义务。去岁举办北赈时，凡赈灾附捐，苟不至发生巨大弊害者，中外人民无不勉予承认；今举办南赈，将所收附捐援例续办，亦情理中事，故交通附捐经阁议决定续收一年，人民眷念灾黎，初不闻有何异议，吾人为人道计，自亦当尽良心上赞助之责也。

但鉴于前此之弊害，有不得不备举之以为今后之办赈者告者，国内交通机关常招人怨谤，如火车购票以大小银元价值参差，凡属找零，收入则必需大者，找出则概用小者，一转移间受亏已巨，若加附捐则无需找零者；或因之找零，捐虽一成，而银元损失又加一成，设遇旅资有限之人，难保不发生意外。此不过举车票之一端，其他交通机关弊害之类是者亦正多，此请求续收者当谋所以救济也。再交通附捐前此完全举充工赈，至今屡招诘责，未见细赈宣布，今既续收，则应由收款机关直接汇交人民放赈团体，绝对不可假官吏之手，此又请求续收者所当力争者也。至办赈惩治条例，犯罪者有处以死刑之规定，但自去岁至今，中外人士所举犯罪之人，未闻有加以惩治者。办赈者之玩法，亦何足怪？此后又望同胞，勿以处刑之重，而亦扶同隐蔽，则其有裨于灾黎者，尤匪浅鲜矣。

（原载 1921 年 10 月 27 日，上海《商报》）

试问当局态度如何

鲁案之在今日，据理驳覆为吾国应取之态度，初无取乎犹豫，故可不论；惟我国当局曾否表示希望与日本直接交涉？是否确以解决案密示日本？实为国人所应注意者。据外交当局所申辩，对前者则诿为绝无其事，对后者则仅谓阪西由陆部携去拟案而已。至陆参事余晋和已为有责任之声明，其经过情形亦将发表，是秘密接洽之始末殆可如吾昨日所言而宣布矣。虽然，国民之监视，仍勿可懈也。

据东京通信所载，北京与日人勾结，希望以鲁案直接交涉为取得日本维护之交换条件，其由来久矣。东报所披露之七条希望条件，虽不能断其真伪，而我当局之有此种相似之条件，与此种条件之落于日人之手，则已百口莫辩。吾侪为国民者，雅不愿于此外交紧急声中指摘当局之措施，致中日本之诡计。故当局而诚能体会国民之意思，郑重行事，则大旨无误，吾人亦何乐过事吹求？惟其暧昧勾结，出于寻常意料之外，则遗祸所届中十全国，虽欲不问，亦不可得。国人苟不忘下列三点，则对于当局之态度思过半矣。

（甲）收受日本第一次节略后，当局何以不依国民之主张，根据法理事实，为明白坚决之拒绝？而必含糊其辞，预留直接交涉之地步。

（乙）颜外长驳覆第一次日牒后，何以取消赴美，专诚留京，以备应付紧急之外交，一若预知日本之必提第二节略者。

（丙）收受第二次节略后，何以不即公布其译文，并以事实证明日本所指秘密接洽之欺诬？更何以不根据事理即日拒绝，以杜日本阻我提交华府会议之借口？

（原载 1921 年 10 月 28 日，上海《商报》）

就事理上论直接交涉

因日本有第二次鲁案节略，于是有我政府所发表之标准案。所谓标准案者，其内容之罅谬，吾人昨日已评论之，以外部之和约研究会，而其所拟议乃如此依违而软弱，宁不令人失望。况此类草案事属机密，且有专司其事者，以何因缘而达于阪西之手？日本政府纵不能执此未公表之文书为交涉之根据，然我政府则何以自解乎？一部鲁案交涉史，譬犹治丝益棼，令局外人莫明其端绪；而最近乃复有此腾笑之奇闻，益陷鲁案于纠结不可解，真仍国家之耻辱。吾人纵撤去一切感情之论调不提，而就事论事，有万万不能为政府恕者。

其一，国家政治无论如何棼乱，内阁组织无论如何苟简，然内外政务各有专部，外交之事自有外部司之。余晋和者，陆部之参事，以何资格可发表外交问题之谈话？若如日人所言，为靳氏所派遣，则侵权越职之罪，靳氏尤难自逭。内阁政治之国家，只能有内阁政策，未闻有总理外交。以陆军省控制外交，独东邻日本有此先例，此风波染中国，自袁氏专政时代始；今而后知北京政府之动作，仍一一依东京为范本，依样描写，唯恐其不肖。而苟窃时誉之颜氏，实乃屈膝于亲日势力之下，委蛇而伴食，余晋和虽有百口，而政府之罪案，将愈辩而愈证实也。

其二，中国政府向来最怕事，目前应为之事，非迁延即诿卸，督促不闻、唾骂不惜。独于鲁案，乃当交涉中断之时，犹有辛苦孤行之计划，即此一端，平情之论者，当将叹服政府之勇敢而肯负责任，即如所谓标准案者，虽拟议不当，然而不待国民督促，居然自动草拟，在政府岂不可曰："外交之事，国民可唱感情的反对之声，当局不能不为实际的收拾之计，忍辱受耻、小屈大伸，保全疆土，别有苦心"也。其实此等议论，最为似是而非。"师保政治"已成过去之陈迹，外交之事，国民主之，内阁即心知其非，除辞职下野，别无办法，万不容以便宜行事为口实，自参意见于其间，中国国民对于外交之表示，无如反对直接交涉之明决而普遍者，政府只有服从民意，此外别无可行之道。故即使鲁案交涉，依国民则一败涂地，依政府则胜算全操，亦不能假托便宜之名，以掩侵越之罪。譬犹行旅，御者纵如何识途，而左之右之，要唯舆中人之指命，即明知前途榛棘，谢不敏则可，遥指示则不可。由鲁案最近之发展言，政府中人之秘密进行直接交涉，无论如何，无所逃于违逆民意之罪。

吾人试就鲁案为平情之分析，当知事到如今，舍遵从国民公意外，别无解决办法，其成其败，政府无庸过问，正不必指示客卿，多费条陈，亦不必借国际情势，来相恫吓，签准"欣然同意"之条约者，躬负特派媚日之使命者，当知多露夜行，人言可畏，嫌疑之地，不可不自引避也。

（原载 1921 年 11 月 3 日，上海《商报》）

治标与治本

北京金融界之风潮尚未平息，观于中交两行之急急呈请提拨关余，其情状可以想见，此次轩然大波，突起于京津间，吾人实无暇探其原因之所在，而当速谋补救之策。

补救之法，当分治标与治本。如何治标？吾昨已言之，不外本国金融界自相团结，以抵制彼居心捣乱者。无论为银行、为钱庄，为已入公会者、为未入公会者，皆速求其互通声气，交相信任，而万不可猜忌疑诈，授人以隙，则提兑款现，要皆不难应付。至于拨本月截止之关余，提外国银行之存款，为自卫计，固皆不得不尔，然此尚为第二步，第一步自必先求同业之通融也。

默察京津风潮，尚只兑现，弥补得法，杜其蔓延，则风潮不难立息。惟金融界于此，在根本方面当有觉悟，今后营业，务各谨慎就范，勿恃政治借款为专门生意，勿以投机事业为营利捷径，勿专吸收本国资金而转存之于外国银行，以为万无一失。脚踏实地，根深蒂固，则虽有谣诼，何啻蜉蝣之撼树？亦决不致张皇乃尔。本报出版以来，鉴于北京银行营业之过度的发达，数为危词，以相警告，而曾不足动兴致勃勃者之一顾。及今祸机一发，当回思吾言矣。然则彼竞逐于较银行供给政治借款尤为危险之事业者，今犹不知所反省乎。

（原载 1921 年 11 月 18 日，上海《商报》）

国之果望裁厘之实行乎

厘金之害中外公认，国人裁厘运动开始至今，已届三十余载，中经盛宣怀与英使马凯一度之磋议，订有裁厘后征收关税一二·五之条件，顾厘金之不裁如故也。今在华会提出，电讯传来，又有得各国赞助之好音，方国人希望国际税则平等之际，而此病国病商之厘金，经此一度之会议，其果能达实行裁撤之目的矣乎？然而以吾人之观察，此事之能否实行，不在得外人之赞助，而在吾国人是否有希望其实行之决心而已。

何以言之？厘金为吾国惟一之政费，最近收入几达四千万两之巨，其间为各省截留充地方军民两政之用者，居其多数，甚有为地方微收，始终未经报告中央者。一旦实行裁厘，中央纵可增数千万税收，而地方顿失其大宗政费，以今日各省武人之跋扈，无款不任其截留；裁厘之举，不啻扼其命脉，其不能顺从，事在意中。就常理言之，关税增收之数，对于各省必有适当之支配，断不能任其向隅，但终不若今日之自由征收、自由支用之如愿以偿，则其在暗中破坏，尤为必至之势。此事方盛宣怀与马凯在沪磋议时，督抚中曾有警告盛氏，劝其为自身封疆之地者。地方官吏之不愿裁厘，在清季已有此趋势，矧在今日，尤皆拥有多兵，各植势力之时期乎。故国人今日果欲望厘金秕政之铲除者，其事不当完全责之中央，应由直接被害之商人，举国一致表示强毅之主张，设有人妨碍裁厘之进行者，即不负一切捐税之义务。则三十年来，举国希望之裁厘加税，或尚有实现之一日也。故曰此事之能否实行，全视吾国人之是否有此决心而已。

（原载 1921 年 12 月 12 日，上海《商报》）

提出"二十一条"后之国民行动

中国参预大会，其主要目的在提出鲁案及"二十一条"，以求公平之判断；其它若关税自主、若撤废客邮、若撤销治外法权等等，非不有关于中国此后之发展，而就目前形势衡量其轻重，则人人尽知鲁案之纠正，与"二十一条"之取消，尤为当务之急也。盖国民争此悬案者屡年，苟一旦代表俯首就人，默受支配，则对于国民精神上之打击，将较无论何种损失为大。而且鲁案不得直，"二十一条"不得取消，则是日本在华之特殊势力非惟依然不动，且经此一度会议而有益形巩固之势，关系各国，其安肯撒手以让日本之独霸？势必影响及于中国其他各种争回主权之提案，而均不得一确当之解决。此就吾国人地位言，所以力争提出鲁案与"二十一条"于大会者也。

鲁案既在华府会外交涉矣，则是中国外交已遭一大失败。然代表与外部犹力辩其为非直接交涉，无论其是否以大会始，以大会终，苟在条件上而有让步，要不能逃违叛民意之咎。至于"二十一条"，则吾国民固日日大声疾呼以促代表之提出大会者也。今电讯传来，谓我代表已于十四日提出远东委员会，而十五日且赓续议及矣。夫代表既鉴于民意之坚决，而径行提出会议，则折冲樽俎固须不辱使命，而实力后盾要不可不责诸国民自身。代表不提出，咎在代表；代表提出而不力争，亦咎在代表；使提出焉，力争焉，而以国内无真诚之表示与坚强之运动，致议而不决或决而不利于我，则其咎实在国民，吾非谓代表提出"二十一条"为已尽其责，可以安坐而待，特欲告吾国民，欲达取消"二十一条"之目的，决非专责代表所可能耳。

是故"二十一条"之在今日，在我理当废弃为不必言，在日本势可废弃亦不必言，在列强义应公平判断以执废弃证人之役尤不必言。所当大注意而特注意者，吾国民是否有具体实力为代表之后盾，以促"二十一条"之废弃耳。"二十一条"虽提出，而大会闭幕不远矣，时不我待，国民将何以盾代表之后。

（原载 1921 年 12 月 17 日，上海《商报》）

中日救济竞争

救济社会为人类共有之天职，初不容有国家之见存。故一国有天灾人祸时，他国人亦各竭其资力以相救助，几为今日国际间最普通之事，至其国民相互间，既不当以为有特殊之好感，更不当疑其有特殊之恶意也。

吾国近年发生灾害屡矣，他国人之参加施赈者亦伙矣，吾国人除表示感谢外，从不闻有何异议。乃此次邢家木桥草棚大火灾，日本太和妇人会有预备收容被灾儿童之计划，国人闻之，表示剧烈之反对，指为"非诚意的救济，实为将来国际上活动地步"。且已发起自救会，以为抵制日人之举，不可谓非自有灾赈以来之创闻矣。

吾人对于此举之真相如何，在未经确查之先，不敢臆断；即诚有其事，而日人用意所在，是否果如国人所料，亦未敢遽信。唯向闻太和妇人会为日人社会事业之一，使果不背其主义，则教养儿童安在非其职分内事，但以日人政治上之野心测之，国人为防患未然计，诚不能释其疑虑。吾人于此不禁发生二种感想，即（一）日人侵略主义一日不放弃，中日之真正亲善一日不能实现，虽两国间慈善事宜，尚不免于猜忌，其他更有何说？中日国民恶感之深，终非世界人类之福。（二）吾国人事事须有人鞭策始肯进行，此次自救会之设，本国人应有之责任，乃必待日人明星社发表，而后激成之。其不知自动的救助，亦吾国人弱点之一，使不幸而日人明星社消灭，恐所谓自救会者亦徒成画饼。有此二感想，故今日虽一救济灾民之举，而吾人不能不为中日国交危，且为吾中华民族危矣。

（原载 1921 年 12 月 18 日，上海《商报》）

募款赎回胶济路

普法战后，法国人民受德人之迫压，痛国祚之危亡，激于义愤，不崇朝而募集数万万马克，以免于德国人之要挟，迄至今日，国际间播为美谈。而法国国权，得以保持不屈，终为世界列强之一，民气之盛，诚国基之所维系哉。

吾国贫弱至今已极，爱国志士惕于外债之多足以亡国，屡有募集国民捐之提议，而迄未见其成功者，无非一般国民，以其祸患之未及眉睫耳。山东为国家之咽喉，不能任其为他人所扼制，致绝我国家之生命，此为国人一致之主张。而胶济路又为山东命脉之所在，胶济路借款，实授他人借口之资，使得假债款以攫我路权，进而侵略我山东全省。故今日国人欲保持山东以保持国家，其道首在保持胶济路，则清偿借款，使他人无干涉之机会，尤为不易之办法。此事国人倡议者已非止一二次，以山东全局之未解决，故迄未见之事实，今太会结果，虽不可知，而山东全省既为国人所必争，则胶济路债款之清偿，终为国家之义务，即为国民之责任，不能以其为政府之浪费，而遂坐视而不问也。

今闻商界及银行界，又有募款赎回胶济路之发起矣。其事之为国人所赞同，巨款之集当不至有何困难，况以全国商会与银行公会为之主干，登高一呼，举国响应，以今日国人爱国心之热烈，互相劝导，量力输助，区区数千万之集合，直指顾间事耳。虽曰仅一胶济路欤，而保全山东以保全国家，即基于是。救国义举，宁让法人专美于前哉。

(原载 1921 年 12 月 19 日，上海《商报》)

送辛酉年

欧战以来，世界经济形势剧变，其最惹吾沪商之注目者，为己未年贸易之旺盛，与庚申年商业之衰落。辛酉承战后经济界反动之后，兵燹诸邦，满目疮痍，元气未复，其对于华货之购买力，远非前比；而银价暴落，汇兑不畅；犹无以大愈于前兹，至于兵匪之纵横、灾疫之流行，交通阻塞、行旅戒途，以视往年，殆尤甚焉。夫对外贸易，既厄于海外之滞销，国内贸易，复困于天灾及人祸，而物价昂贵、生活困难、劳动风潮，复渐次流行于各地。彼武人讦吏未知商民之困苦憔悴，已濒于窘迫之险境，而复从而诛求无餍，日事敲剥，以饱其无厌之欲壑。于是工商萎顿，实业凋蔽，举庚申年之种种恶劣现象，复一一重现于今年。且以商业萧条之故，失业众多，游资充斥，其结果乃发生空前之投机热潮，自信交事业创设过滥，破绽迭见，群情疑沮，风鹤频惊。市场萧瑟之余，更杂以无限恐慌之虚影。吾人缅怀往事，比较观察，欲不谓辛酉年之上海市场，更劣于庚申，不可得也。

今日为一月二十三日，其去阴历岁底，虽尚有四日，然商业市面，陆续停止，辛酉年之商业，实早已安全结束。吾人于商业结束之后，衡量短长，徒为事后之评论，于实际或诚未必有益，然而今年市面之不振，既以（一）海外滞销与（二）国内纷乱为二大原因，则温故知新之结果，至少可获得两大教训。此两大教训为何？即经营商业，断不可无世界的眼光，与绝对的不问政治是也。

世界的眼光，以世界的智识为基础，基础不坚，斯其眼光不远。故海外市场之变动，工商界推移之情形，为进出口商所必须注意之要件。各国巨商大贾，恒于其厂号或公司中，特辟调查一课，以收集各种有关之消息，用备经济人员之参考。德、日商家，于此致力尤勤，故其商战之技术亦独精。吾国商人委心任远，顾惜小费，此种特殊的设备，或未易提倡于今日，然而主事诸人，要不可日事征逐，以阅报看书为共聊时消遣之方法，此则区区所愿为商界诸君一致其忠告者也。

近数年来，政象混乱，法纪扫地，自政客、名流、伟人以及官僚、军阀之属，无不图穷匕见，一致破产。工商社会由政治上之失望，而渐感受政治上之责任，于是在商言商之风，始为之少杀。今年商教联合会之召集，国是会议之主张，其实际上之结果如何，虽未容轻议，而内政外交，条举意见；华府会上，竟有国民代表容与回还于其间，不可谓非商民觉悟之一端也。今者山东、关税、外邮、领事裁判权诸案，渐由议论而趋向于实行，其所须吾商民之助力为独多。而武人割据、内争无益，欲为根本的解决，尤不可不表现雄厚之实力，则明年商界之责任，又岂集会一次，备具若干意见书及请愿书者之所能了乎？国步方艰，来日大难，凡吾商民，其共勉诸。

（原载 1922 年 1 月 23 日，上海《商报》）

力争鲁案之热心何在

某外报通信员谓："中国国民在不必实事求是时，颇能感情用事，及实际办事，则感情即失其权威。"此诚鞭辟近里之言也。中国国民独一无二之爱国运动，当推力争鲁案为第一件事。盖在时间上比较最久长，在团结上比较最一致。世界觇国者其心目中尚有中国国民之片影，赖有此一举耳。然中日协议则既订矣，接收之手续则亟待预备矣，国民过问之热心，转不及从前之浓；舆论之督促，亦不及从前之热闹。青岛日官举行土地大出卖，中国国民不闻有反抗之声也。侨鲁日人或则以相率回国胁其政府，或则以"日本人会"名义提出种种之希望条件，要求参列于协定细目之议席；中国国民则未闻有对抗之运动也。岂谓华盛顿会场一纸议决案，业已将齐鲁礼乐之邦双手捧还于中国乎？种种已失权利，宿谓已金瓯无缺乎？不然，何袖手坐视，态度之整略若此也。

国民之气焰退一步，则黑暗之伎俩进一步。自顷关于鲁案，除各地依稀继续有赎路集款运动外，吾人所闻，但有山东人反对官派督办之一事。夫鲁案千绪万端，非一二督办会办所能胜，此天下人之公言也。但山东人不从积极预备上做工夫，而徒今日集一会，明日发一电，尽量发挥其区域性之排外主义，则吾人谛视其内幕，实大大不能无疑。

筹款赎路声中，鲁督田氏乘时脱颖，颇竭其笔舌鼓吹之劳。田氏长官，与通声气，主张设总机关于济南，而即推所在地之长官主其事。当时吾人已不能无疑，今政府甫下一简派督办之令，而田氏挡驾之风说已自各方继续而来。即路警问题，为撤退日兵之关键，田氏又坚持不让，力主就山东兵警改编。其种种利用机会藉扩权势之心，昭然若揭。夫山东问题，竭全国上下之力，仅乃得一有条件之收回，牺牲多于所获，成败尚在未定。断非有所私爱于山东，抑更非为田氏造机会。由全国人争之者，全国人必卫之；由全国人始之者，全国人必终之。今收回方在着手，而田氏遽思攫取特殊地位以自雄，天下无如此便宜事也。

迩者北友来告，谓鲁案善后声中，内幕中之奔走，颇有靳云鹏、潘复二氏之足迹。上联田督，下结鲁人，暮夜结合，已有端倪。山东之议会公团，本为田督掌上之玩物；又临以二氏之声势，其不化为一体者几希。所以靳、潘扬言，谓："鲁案之善后大员，若不得吾辈同意者，莅鲁境一、二星期，吾辈即能使之不安于位而去。"其内幕之鬼蜮，可见一斑。夫靳、潘坐拥多金（外傅靳氏私财值千二百万，潘亦不下四百万），又为山东第一流"大绅士"，在其境内为所欲为军，意中事也。报纸所传，谓彼二氏方酿资发起实业公司，是其卷土重来，意态可知。靳氏为签订事协定之人，潘氏在财部任内，又以工于营赇见长，以此二人来办鲁事，鲁之为鲁，可想见矣。天下事千万人争之而不得，一二人毁之常有余。吾人为宝爱山东，贯彻国民运动之初旨，敢提下列二义为山东人告。尤愿热心未泯之国民，一注意及之。

一、山东人当速速破弃其区域主义，将鲁案善后之责任，公开于全国才智之前。

二、山东人当根本打破其依赖乡绅主义，须知吾国地方事之败坏，每由乡绅之作祟。盖乡绅之资格，为退职官僚，彼辈在位既能祸国，下野即能祸乡。江西南浔路之已事，其殷鉴也。何况靳、潘二氏，在官时之手腕太灵、名誉大著，为别嫌明微计，亦宜劝之远避，以塞空穴来风之渐。否则听其盘据，深恐因私人接近之关系，有暗中吸引日资之举动，履霜水至，不可不防。

（原载 1922 年 3 月 11 日，上海《商报》）

危机钦？转机钦？

主社会有机说者辄以国家社会之成长发育，比之于人体，人体自襁褓以至于童冠，其间必经过一次乃至若干次之显著的蜕化，此显著的蜕化往往伴以剧烈的病象，病象至极危笃时几濒于死亡，亦有因不能度过此时期而终至于夭折者，然苟能安全度过，则其人之健康状态，常由瘠弱而丕变为强硕，此吾人常见之生理现象也。如是之现象，由其善的方面言之，谓之转机；由其恶的方面观之，则为大危机。唯社会与国家亦然，社会与国家经长期之沉着停滞后，必起突变而另入一新时期，然当蜕变作用正在进行之际，旧制度之基址已摇，新体态之组织未备，则其可见于表面者恒为浮动而驿骚，而潜伏于内部者常不免萎敝而消沉。此时期之状况，诚有如吾土古谚所谓："以一发系千钧"，新旧之过渡能否安全完成，视乎此一发之韧度，此一发之韧度而能支持国重，以待养成健全之国民能力以承此千钧，则其国族恒昌，反是者其国族必危，故过渡时期者，最有希望之时期，亦最危险之时期也。

此譬喻中之一发者何物乎？以人体喻之，则为一种之支持力，即熟语之所谓"本原"。盖上节所述之笃病现象，不外新陈代谢之作用，新陈代谢的作用推演之际，所最畏者为旧细胞之老死太速，而新细胞孳生之速度不足与之相应。如是之状态，吾人姑假定名之为新旧之脱节，此脱节之现象，苟无物以填补而支持之，则其人常陷于虚脱，危险期之能否度过，其关键即在人体是否有力以抵抗虚脱现象而避免之。而社会国家之或一变而健强，或变未中途而衰歇，亦得以同样理论说明之焉。

中国者盖一般所认为在过渡期内之国家也。乐观者资为慰藉，以为不完全乃过渡期之常经；有志者引为鞭策，以为光明之前途，正招手以相俟。吾人深愿此过渡期幸而为国家弃灾难就康乐之转机，然同时实恐此过渡期无法度过，即为送国家入墟墓之大危机。由此吾人不得不剖析中国之现象，以研究今日之为转机抑危机？

吾人观察研究之结果，盖不禁栗然毛戴矣。盖中国今日之现象，最概括之形容词即为一切社会体制、政俗、教化、人心之全然脱节。新者与旧者之中间距离，日引而日远。譬如大队中之两分队，各向相反的方向进行，趋走愈遥，而中间之相距愈大；又如河流之两岸，因水流冲激，左岸与右岸之土壤益耗损，河身愈广，而中间无人为作过渡之桥梁，如此脱节现象，短视者漠然无睹，有心人徒知叹息，多年培养之国力，一旦支持不住，忽然虚脱，瞑目思之，当作如何景象。

何言乎其为脱节乎？愿从各方面以观之。以言乎政治：吾人在一方面见有冥顽痴愚之议员与政客，抱定虚伪的制度与过时的学说以快其私欲与意气；一方面见有纯然理想之新进人物，忽视进行之步骤而鼓吹未来数世纪之政制，相抵排、相漠视，各走各路而各挟有顽强的自信；其介乎中间，真能尊重"此时此地"之原则，为中正健实之实际运动者无有焉。军阀之幕下有人、废帝之左右有人、都市之宣传有人、谈普选谈无政府者有人，而邑里乡村之最需要实际的工作者则阒无其人，此脱节之现象也。以言乎经济：吾人一方面见有依赖威权与流连过去之过时的企业家，一方面见有鼓吹无产专政与梦想乌托邦世界之理想家，而主张以社会政策解决经济纠纷者，其势力至微薄不足道焉，尽瘁于增进国富、改良生计之活动者无有焉。甚且从前异常积极而比较开明之企业家，一经新学说鼓荡而反动、而收缩、而席卷其资本以窖藏于外国之银库或浪掷于危险之投机，甘蹈其昔日所唾骂之行径而不恤焉。此又一脱节之现象也。以言乎社会：吾人一方面见有牢不可破之顽固者，一方面见有绝尘而奔之急进者，前者仇视后者，不信改良运动之可能，则牢骚斗室，痛骂新人，然新人之愈骂愈多不顾也；后者漠视前者，以为此骸骨耳，无可感化，避之必远，斥之必严，叫嚣隳突，以为快心。而可苍可黄之中性人物，其日日归于骸骨之旗下以厚筑反动势力不顾也。坐是之故，拜神权者有人，垂发辫者有人，倡恢复科举者有人，另一方面，则冲毁一切约束，几欲破空飞去者有人，不愿为旧礼教之奴隶而愿为卑下的物欲之奴隶者有人，而介乎其间者之活动无有焉，切实从事于社会改进者无有焉。其脑筋较明晰者，亦唯旁皇于二者之间，咨嗟叹息于旧势力之不可摇，与新潮流之不可抗，或遭遇困难而灰心，或感觉自派力量之微弱，久而久之，亦不自意而逃于消极焉。消极者，人世最可怜之境也，然其流毒社会，罪与反动派均。此又一脱节之现象也。以言乎教育：则一方面私塾激增，科举式之旧教育，与奴隶化之教会教育，根株未绝而又重兴。而一方面则稍有希望之学校，罔不为政治活动之教练场，重空想、好文哲、避繁重、趋简易，人以脱颖为能，士以侥幸为习，求如前清学制初更时，尚笃实、重科学之气概无有焉；即偶尔有之，亦终被狂潮卷去而无有能以毅重之努力相抵抗者焉，此又一脱节之现象也。总而言之，今日之人心与各种之活动，大抵非甘于锢蔽，即随波逐流，旧者唯知以反动为报复，新者亦力避旧者而不愿与之相接触。表面视之，何界无人物，何界无活动，然而其活动皆限于偏隅，皆不计实效，不能战胜环境，其结果遂遗弃环境，不能抵抗潮流，其结果则漠视潮流，旧者唯努力保存其习以为安者而相与流连，新者亦唯求可与言者而与之言，相回避而不相接触，相抵斥而不相融洽，盖遍中国之各地各界各事物，无往不有脱节之现象。而介乎保守与革命之间之改良运动，则人人以为不合时宜而弃之不为。此譬犹衰弱之病躯，经新陈代谢之危险期，而别无支拒持续之能力。则一切脱节之结果，不陷于大虚脱又何待乎！而况重之以外感之纷集乎！以是思危，危可知矣，以是而思改良运动之重要，救国者宜知所从事矣。

（原载 1926 年 4 月 11 日，《国闻周报》第三卷第十三期）

联立内阁欤？杂凑内阁欤？

北京之中央政府，始由执政制一变而为内阁制，继由许内阁一变为贾内阁，执政制者，事实上之产儿，非理想之极则也。然吾人即后溯前，殊不能无每况愈下之感，吾人只见北京政治每变化一次，则其柔弱无力之特征更发挥一次，其虚伪无聊之程度更显著一次。盖执政制时代之中央集团，虽非完全段派，然其分子固直接间接矢忠于段氏者，故彼时之政治，可名之曰段氏中心之政治；其在许内阁时代，阁僚多数为民党名流，而附之以一二能容忍民党与之合作之官僚人物，其背景则为国民军，故彼时之政治，可名为国民军中心之政治。降而至于贾内阁时代何如乎？谓其与段无关系乎，则定计决策，由段邸专员会议决定之者也，谓其与段派有如何关系乎，则仅贾德耀、屈映光诸人与段氏有若离若即之关联，而此诸人又未必遂能代表段氏之政策于阁议，故以前之执政制度与许内阁，无论木质如何，犹有属性可名，而今此之阁员名单中，有直派、有西北派、有民党派、更有代表东南势力之孙传芳派，玉石萧艾，同冶一炉。而且单方指定，未征同意，一经发表，哗然否认，忽忙杂乱，名无可名，诚从来政界未有之奇观矣。善意者从而辩护之曰：此乃国是紧急时各派合作之联立内阁也，其然岂其然乎。

盖所谓联立内阁者，虽曰网罗各派，极左极右，并立从政。其于具体政策，尽可如南北两极之相去万里。然而其内阁成立主要件，必各派先已经一度动议而有合作从政之诚意，亦必其应选入阁之各分子，各有结束争议共支危局之决心，以及在一定期间内暂舍各派政见之异同，而共赴一公定目标之觉悟。今贾内阁之公定目标何物乎？将为止战言和，则内阁重心依然在国民军系，无论国民军不肯放弃其战略，即其他各派亦岂能占有一二不甚重要之阁席而宣布停战，反之将为继续用武，则各派之将吏尚汗血搏战于疆场，而代表各势力之文吏乃从容坐论于庙堂，又必无是理矣。更如孙传芳部下之杨文恺，彼其自身何尝不愿为第二之莫德惠，然孙传芳之见解，则以为用此交，不啻轻视其地位；以致阁令朝发，恶声夕闻，而尚一再电邀，佯作不省，则贾内阁之虚伪无力，局促可怜，不亦可见一斑乎！天下岂有如此匆忙补缀而成之局面而可号为联立内阁者乎！

愚于贾内阁成立之经过，尝搜索中国现存之事物，而与之相比，窃以为贾内阁者，以之比拟中国信交风潮中之清算机关，实酷肖也。往在民十以后，白茅黄苇，不成熟之公司林立相望，以重员之颟顸，当事者之狂妄，大股东背后之侵渔，往往开办未及期月，而资本亏耗，动逾全额，债务逼迫，公司陷于破产之境，于是召集股东举行大会，结果必选出若干名清算员，结束公司而成立清算机关之人选，大股东必与焉（所以辩护舞弊事项），与重员派系不同之有力股东必与焉（所以消弭反对），虽非大股东而其人能号召多额股份以与当事人为难者亦必与焉（所以安其不平之心），甚而至于如此人物以业务或声望之故而不便与选，则亦必选任其人之亲信左右以充数焉。如此指派平均，则清算机关遂成立，而公司之命运遂告终，内部之弊混遂无虞乎揭发。最后则清算必终于清算，股东必尽耗其资，而清算员之手术巧妙者，狠可于此中混得若干油水，此京、津、沪、汉各埠共有之事实也。以此比拟今日之局面，窃以为中华民国实相当于腐败亏折之公司，历届之北京政府，则相当于颟顸贪狠之董事或经理。大局既非，莫可为继，计无复之而网罗各派以求收束公司可悲之命运。则新近成立之贾内阁，岂非恰当于扶同隐弊之清算机关乎！孙传芳者，北京目中所认为有力之股东也；而扬文恺之不就，则孙传芳之故意与当局为难而已；并非此有力股东之特别清正也。官僚政治之末流，乃使北京政治陷于如此滑稽无聊之地位，然而犹有人焉以不得控制北京为大憾，宁非可悲而可骇欤。

（原载 1926 年 4 月 25 日，《国闻周报》第三卷第十五期）

此后之中枢与国会

自奉联军入京，段祺瑞出走，所谓临时执政府之运命，精神物质，皆告终了。此后中枢政制势必另辟一个新局面，在新局面未定以前，一切政令，胥归停顿。此在他国，直不能稍忍须臾，而当剑及履及以图之者。然返观吾国人民，则袖手观变，一任二三得胜军阀支吾揖让于其间，事隔旬余，犹复靡所底定，而人民漠然视之，丝毫不感痛痒焉，此岂非吾国政治体系虚伪已达极点之明证欤？积十余年之扰攘，一切政权，均已下移而分寄于各省，故地方一有变动，则省民立起恐惶，而中央机关中断，乃绝对不感关切，论者或以此归咎于人民政治意识之薄弱，此论诚然而未尽然，盖人民在日常生活上已不感中央政府之需要，存一中央政府不为多，去一中央政府不为少，事实如此，诚合某耆宿言："不必怀三月无君之忧"也。

抑吾人更自实际观察之，愈可知中国之现状，非形式主义之民治论所可救药。夫就理论言，吾国既已改建共和，岂有同归于其他政体之理？且吾国之共和政制，尚待充实完成，又岂有未走先驰，一跃而入于无政府境界之理。然吾人所欲问者，目前国家根本上横梗于前之一大问题，有过于国会与宪法者乎？自执政府中断以迄于今，非常国会议员争约法论于京师，贿选议员争护宪论于汉口，吾人不信此等争持运动者，尽为无聊之妄人。然吾人殊不见争到目的以后，在彼辈除领岁费、猎权位以外，更有如何可发抒抱负之机会。盖贿选罪恶，业已深入人心，决非恢复曹锟宪法效力后，遂能掩盖丑迹，贿选议员纵或可曰中央地方之各级选举，何处不有行贿之痕迹，然十二年十月五日之妄行，在奖廉鄙贪之中国社会，毕竟太过丑恶；贿选分子诚欲悔艾自拔，应脱离此恶名所附丽之国会，别图湔涤，而后方有被濯之机会。若犹迷误不返，此譬犹新浴之后，依然着上污浊之内衣，他人必将掩鼻而过之，此贿选分子所不可不自省者也。至于非常国会，自与贿选分子有别，其主张为完满国会之残余会期；依彼辈解释，谓自十二年八月十日后，尚余四十八天之会期，姑无论此种解释，因人而异，并无一致标准，即如其言矣，在数十日残余任期中，所谓国会之任务，当无过于完成宪法（此为牵就约法之规定）。衡之已往事例，是否真能顺利产生新宪法，殊为疑问，即令产生，而在如此现状之下，谁家军阀能尊重而力行之，此非常国会派所当反省者也。又依吾人所见，国会号称立法机关，已往国会对于国家最无交代之一事，即为许多必要法规，皆未制定。而开会期内，唯见与行政部拳来脚去，眉来眼去，非相捣乱，即相勾结，国民厌恶，非一日矣。今若一旦回复本来，势又必自动延长任期，多演几阕捣乱之活剧，以云议决于国民生活最有关切之各种法规，敢言绝对无望。以此辈在知识与立法技能上实太欠缺，乃先天的不能也。以是言之，今后时局演化，殆必有国会挣扎运动点缀于其间，而其无与于国家与人民之福利，则较然审矣。又是等国会，若真能顾全宣言，短期集会后自动解散，根据法律，重行选举，则吾人试思以今日各省现状之糟，人民优秀者不屑过问公务，愚陋者其知识见解无以加于十年以前；而激越者，又痛绝如此中和之办法而不愿与闻，则选出之代表，其人物如何，亦可预想。盖在十年、五年前尚能选出若干浅陋之法政学生者，今则非地痞劣绅与军阀厮养，恐无膺选之望。试观去年国民会议选举之已事，安得不令人废然思返乎？近来欧美学者常言代议制度在西方已有破产之趋势，此"琴敝更张、车敝易辙"之说也，若我中国，则民治制度，有如脆弱幼芽，本未发育，已受狂风摧折，今后论政之士，诚欲奠义国家，固宜别有深透之观察，形式主义之民治论，固已此路不通矣。

（原载 1926 年年 5 月 2 日，《国闻周报》第三卷第十六期）

五卅纪念中箴国民

空前未有之五卅惨剧，忽忽一周年矣。吾人不忍温理过去之惨迹，但吾人殊不能无视当前之情形。就其大者言之，五卅事件，虽少数当事国诬指为极端派之煽动，然世界公平之论家则固曰：中国人民国家意识之觉醒也。然一年以来国家在一般外交上之所获为何物乎？不平等条约改订且未能，遑言取消；侵略国之行动限制且未能，遑言打倒。即以最低调之关税、法权两会议，犹且不能得丝毫之成功，则自命力争国权之吾人将何辞以谢天下，此其一也。就五卅事件之本身言，既经我外交当局送致牒文，提起要求，固已成为一种正式之交涉，然事亘一年，而交涉之未结束也如故，代表列强之使团既一再以延宕、推诿、敷衍之手段对付我外部，又时时越出外交常轨，如径自送致七万五千元之支票于沪交涉员以戏弄我外部，责任部分，始则蔑视我外部之抗议而进行重查，重查矣，报告又不致，既不一致矣，又仅仅做到个别发表为止，毕竟当此交涉之冲之使团对重查报告，取何态度，亦不闻有何公表，其对我外交当局，尤无明白交代，既不令谈判决裂，亦无继续交涉之意，无形停顿，瞬又半年，此又其一也。五卅事件，既为国家受辱之事件，政府以外，犹有国民，大量之经济抵制，纵不可能，然饮食服御，权操自我，精粗贵贱之间，尽有选择余地。而乃卧薪尝胆，徒闻纸面之呼号，迹其实际，不徒不知胆之苦，而洋烟洋酒，日日沾唇，不徒不知薪之棘，而洋履洋冠依然在御，非买同盟，本为策应外交许多工具之一种，其效与否，本不可必，然且无信不诚，至于如此，是又何怪他人之目笑，此又其一也。耻辱犹新，环境无改，惊心岁月，忽又一周，政治权力既迭为变迁，内外高压又接踵而至，无可奈何而唯以营墓营奠，表后死水念之诚：然而已枯之骨，何取乎哀荣；虚掷之躯，岂胜其冤抑。呜呼！牺牲者之目终不瞑矣。

政治之事待决于事实，外交为国际间之政治活动，其表面虽似有系乎是非，而是非之评价为可变移的，其变移则一依乎力的活动与事实。故国际环境之改善，待他人自动的觉悟，犹愚夫坐待河清，唯示以实力之不可侮，乃可使如水就下。例如广州政府，即深明此中奥穷者，据南游归客言，香港商业，自航道直趋广州，视一年以前减退十分之七，曩日以昂贵著名之房值，今则召租招贴，满目皆是，且粤港之间，从来交涉，只有粤吏赴港，从无港员赴粤，如其有之，自今回始。夫如此情形，在外国岂不异常愤嫉于广州，然而终不能不移樽就教，则知放言高谈，只有招人轻视，唯力的运用，方足招致尊重，且姑勿论外交形势之如何，而广州在经济上之所得，固已足偿其努力而有余矣。论者或谓此种举动，唯统治者主持于上，而后乃可奏功，此言自有一部之真理，然努力之道，不止一端，机会之来，贵能因应。譬如去年夏间，有多少海员，枯坐待业，假若资本家中，善用机会，尽量吸收，无论如何，宜可争回一部之航权。而相当发达本国之航业，以一例万，则五卅案发生后失败之耻辱，岂得专诿其责于政府。值此外交形势，窒塞异常，悲愤激昂之情绪，随痛苦之回忆而弥漫于各界，愚于此际，他无可言，唯愿吾亲爱之同胞，觉悟七尺昂藏之躯，时时皆可有尽其在我之作为，人人皆各有若干内蕴之潜力，患不运用，不患效能之不生，勿浪掷，勿虚耗，勿以交猜互忌而自分其力；若谓集会游行、作讲演、散传单，临时则高呼，事过则淡忘，以此而求外交之改善，吾斯之未能信。盖天下事只有事实可改变事实，未有呼号能改变事实者也。

（原载 1926 年 5 月 30 日，《国闻周报》第三卷第二十期）

北伐军发展与孙传芳

唐生智军队已逐叶开鑫而走长沙，粤中北伐军亦誓师出发，往者吾人尝论北方战事将为持久战，在此持久战未分胜负前，南方之军事必及时发展以成犄角之势。如此南北两大区同时作战，其必至之步骤将为：（一）先与北洋正统中最坚顽之吴佩孚派，一战而互决运命，而后（二）以地域接近之故，决第与准奉系（张宗昌等）乃至与（三）东北势力直接相接触，就中国军队势力分划之现状言，苟非别有波折，为时局发展必由之途径也。

北伐军之正面敌为湘鄂军队，最近吴佩孚以此方责任完全寄于李倬章，李之准备虽似濡缓，亦颇审慎。然湘军之凌乱不堪任斗，观其仓皇退出长沙，已可概见。而川中军队，无可调遣应援，鄂军亦统系复杂，互相牵忌，不易以全力应战，则北伐军在正面可云成功之成分多，而全局成败之关键，乃在后方之能否平静无变化，以及湘鄂以外军队之如何耳。粤中情事，道远莫详，不便悬论，由是而吾人观察之焦点，厥唯北伐进展中孙传芳如何之问题。

孙传芳之性格，能忍能断，能应乎环境而变，能驾驭不利之环境而转使为有利。盖异乎北方军阀之介介于亲仇信约之观念而唯一便利主义之是宗，此其大较也。在已往数月中，吾人尝闻孙有联蒋之意矣，尝闻国民军中之代表，作石头城座上之上宾矣；尝闻孙氏有三角同盟之企图矣；亦尝闻孙氏与青岛之毕军通声气矣。然而未几又闻孙氏阻蒋之北伐矣；又闻孙氏结待奉方乃至鲁方之代表，且亦遣使聘于奉鲁矣；更闻孙氏资颜阁以金钱，助吴部以弹丸，馈湘叶以军械矣。如是倏忽变化之态度，表面虽无可捉摸，而内幕有端绪可寻，盖孙之唯一志愿在渐进以养望，而欲达此目的，其全神贯注处为保持既成势力之不被侵。孙之援人也，必先厄之而后觇其待援之急，乃始以小惠饵之；其示重于人也，必先令人觉其势力存在之可畏，而后略示让步以操纵之。彼其对于吴佩孚之发展，始也百出方略以尼之，绝也严守中立以窘之，终则于其声势渐盛距离渐远之时，出助力以结纳之；而吴佩孚乃完全入其彀中，转而向奉方为孙说项而自居于缓冲中介之地位，则孙之目的完全达矣。即其对鲁对奉也亦然，盖百变不离其宗之一语，为保持其既成威望使人觉其不可侮，从而自免于被侵侮，而其胸中之最要秘诀，即不轻树敌且善用中立政策是也。

吾人以鉴往察来之方法测度孙氏，敢言孙氏在北伐军第一期进展中，必绝对旁观，而为免吴、张之疑忌，且示北伐军以己身之重，则间接或将嗾令闽省出师以扰粤之后，顾此之出师，意不在乎侵略人而仍侧重于自保。盖嗾闽扰粤，其成则缓冲之地带愈广，其不成而蒋军顺利，亦可诿过于闽周而示非己之本意，由是而其态度将为"进取的中立"。盖吾人颇闻粤中政策为"对张放弃对吴进攻而对孙妥协"，在主义上粤蒋何能对孙示妥协，然此之政策却为孙氏所乐闻，北伐军固不欲摧毁孙之势力，而孙氏者，肘腋之下，既未必无问题，军队之中，亦羼杂而不纯，与其表示偏颇，或生内变，何如按兵固境，示人以重。故敢断言孙氏当北伐军在湘鄂进取之际，必以中立为无上妙计，即或略遣部队，以顾全反对图湘之前言，然此等做作，仅为欺饰外交耳目与消弭吴、张猜疑之一种保护色的作用，决不注以全力，面唯资为烘托。至于北伐军，大量发展以后，卧榻之旁，鼾声渐起，彼时态度则难以悬揣矣。

（原载 1926 年 7 月 18 日，《国闻周报》第三卷第二十七期）

溥仪复宫问题

北京近日忽又发生所谓溥仪复宫问题，真足令南方之人诧为异事。以此次政局政变后之北京政府，微独内外均感其滑稽而无实质之价值，即政局中人之自视，亦认为运命至短暂，任务至简单。盖除却看官印、筹战费而外，更无存在之必要。遐想京、津一带，不独政海中人之自视然也，即政局以外之寻常人民，对此政府宜亦无多大之兴味，既不望其为善，尤不敢必其不作恶，一言蔽之，各方心理，皆似有所待而已。问其何所待乎，则又茫漠而不能切实作答，然大家固认此局面必须变，非有更进一步之发展，固无人乐与如此之政府发生关涉者也。然而溥仪左右之遗老，则以函请推翻甲子优待条件，恢复以前办法与要求溥仪还宫闻。

溥仪左右之遗老，何以发生如是之企求于今日乎，在一般褊激之论者，或将以此事影射于奉张身上，谓此人本与复辟运动有关系。吾人固不欲作此笼统偏断之论，然遗老方面，认为吴、张合作，为恢复消清虚伪体制之良机，则固无可否认。盖在思想分野言，吴、张在军人中自为一切旧势力之保护者，而由北京政局之起伏先例言，大抵变动以后，蹶起代兴之势力一近政权，他事勿遑，必首以报复政策为快心之先务，通缉敌派，褫夺驱逐为第一步；尽反前人之所为，废其所兴，兴其所废为第二步。赢盈窄狭，循环相寻，一似非此无以表得胜之威而示新猷之建设者，彼遗老之投机，即揣摩此等之心理而起，以为逊帝被逐，是赤党所为，今以贯澈讨赤之名义胁制吴、张，则吴、张孕育下之内阁断然不敢有异词，此其所以尤不可想也。

夫清室问题，自为一种待解决之问题，溥仪悬居天津，亦非了局。但民国政府为尊崇国体起见，对于溥仪，除注意其个人安全，酌予生活条件外，实不能更有其他之施予；而尤不可者，即听其在首都以内，正位故宫，俨然以小朝廷自居，而隐与民国政府为对等之来往。遗老以内务府名义提出要求，其荒谬之处即在此。故如何弥虞李燮阳诸人之驰书抗议，吾人不应以人废言。而据最近消息，内务部参事等讨论之结果，决定以维持民国十三年改正优待条件之精神，制成说帖：（一）对溥仪个人安全，应有具体保障。（二）生活费酌量供给。（三）陵寝可特加保护。（四）宫殿及其附属物，均属公物，非清室私产，唯可以一小部分赠与之。（五）各王府及庄田不能以私产论。另有附带意见数条，如谓遗老亦中华民国人民之一，不认有特殊地位，可与政府对等发言；如谓内务府早已消灭，不能承认有此机关，今以对等形式发言，应予取缔；此等表示，斩截明白，颇能尊重国体，吾人平心论事，又不能不予以赞美。北京各部之长官，趋跄替换，早已沦为军阀之舆僵，独关于法律问题，例由参事厅会议取决，而任参事者又往往久于部署，按资升转，不易动摇，耿介之士，易于为守，以北京政局兔起鹘落如是之频数，而一般政令犹能略保一贯之体系，不至尽为武夫剥掠以尽者，固不能不归功于当日官制之规定矣。

　　至于遗老方面，以忠爱为噉饭之招牌，奉故君为招摇之奇货，则林君白水论之綦详。吾人尝闻江南某耆旧言，溥仪在津，浙东著名遗老之某名士，长日翊卫其左右，租赁房舍，悉赖经纪，随亡诸臣，罔不感其忠盖，然而欺罔虚报，动而数万，此则首阳薇蕨，妙手一点，悉成黄金，固古国人心道德之忧，不足污吾侪之笔墨，夫贪人败类之麕集于溥仪之侧，此冲人之所以日益孤危欤。

　　　　（原载 1926 年 7 月 25 日，《国闻周报》第三卷第二十八期）

最近之战事与列强

中国每有一次战乱，幕后必有若干外国之操纵或以物质补助作战之何方，或以外交策略决定战争之结果。自袁世凯癸丑战役以来，殆无一役不如此。此中外周知之事实也，然则最近南北并举之战役中，有关系之诸国对之作如何观感，岂非亦有注意之价值乎。

从来与中国时局最有关系者为英、美、法、日四周，法国自大战以后，国力耗竭，政潮迭起，东方政策，非其政家所重；除段政府崛起时为解决金佛郎案有率先援助之表示外，在东交民巷之使团中宁为不甚重要之分子。美国对华，较法国为积极，然其着眼之点，大抵在维持华会条约之尊严，以保全其发起国家之面目，此外亦不轻易有所表示。而今次战役，在一方面虽以讨赤为标帜，毕竟事实是否与宣传相应，亦为一种疑问，即令真如其言，在美国亦不感如何利害的兴味，因美国在华除贸易关系外，既无租借或占领区域于中国境内，且亦无与中国密切接壤之属领地，是则中国境内即使有经济的主义之争战，与企图国家独立之争战，而美国决不虞受此等事件之影响，故美国在近年，除以贸易关系对中国时局不定致其遗憾外，其他一概以冷漠处之。由是而最密切注视中国时局之发展且以种种努力操纵之者，唯英国与日本。

然吾人观于今回战役中英、日两国之态度，而深感英、日两国分道扬镳之日益显著也。今次之战事在北方为吴、张讨伐国民军，而南方则为粤政府处分北洋系，其举动之先后虽分成两段，而实相互呼应、相互消长之一个事件。此不独中国之观察如此，即世界之舆论亦如是观察之。然而日本方面在华所办之通信机关及报纸，对于广东所行政治之优点，并不全盘抹煞，如英国人之所为，亦且对于蒋中正氏北伐之宣言，公然称扬，许为有历史价值之文件，此其对于南方军事发展之观感并无嫉视意味可知。即对于北方所谓讨赤战役，在日人方面亦无宁谓消极的防卫满洲安全之意味多，而希望奉、鲁、吴系联军发展之意味少，日人之言论，对吴氏不援助自不待言，即对于卵翼之奉系，亦常为文治派之王永江等张目，大抵皆希望张作霖整理三省黾勉自保，而以不穷远略相戒。吾人观于奉天此回派遣入关军队之无多，敢言背后实受日人之暗示，此就日本言之也。至于英国方面，从前对吴佩孚为一致的赞助者，而今次对吴异常鄙视，异常淡漠，英人机关之《字林西报》，且登载极长之通信，对吴佩孚贬斥不留余地，即对于吴氏手造之内阁与财部，亦不闻成立如何经济资给之条件，（频闻以烟酒税仿照盐务稽核所条件之大借款，仍向英国方面竭力进行，但至今未有成议，则此项借款，即使成立，亦出于控制经济税源之希望，而非单纯的为一种政治借款。）一方面则会审公解之交还，出于英国方面努力之主持，所以愿全中部五省首领之面子，而博取其欢心，转若无微不至，由此可知英国之注意点，早由屏除国民军而移注于南御蒋粤矣。在粤中北伐进展中，颇闻日人方面，相见必以"英人自此陷于狼狈"等语相互问答，其意似谓英国之经济势力完全在扬子江一带，根深蒂固，日人欲与相竞而不能，今北伐军逐渐发展，则英人在扬子流域之经济根据，渐见摇撼。故日人所谓英人狼狈者，实为由妒嫉而生之快意之谈，由此可知此回战役中，英、日两国之着眼点实分歧为二：简言之，即日人对南部战事将取旁观态度，而以英国倒下为快心；而英国亦以南方商业关系重要，不复能兼顾北部之战役也。换言之：即日本始终以巩固满洲为前提，希望保全张作霖之势力甚浓，故西北军若不与俄人结关系，加日本在满种种利益以威胁，则日本无宁主张勿穷追。而英国则以吴佩孚无可希望，故已转移视线而将另觅一种势力以示南方军队之北渐也。某派之言曰：国民军退出北京后之政局为英、日合力支持张、吴以行反动政治之政局。其言之大体则是，而内容实不如是之简单，盖英、日已不约而为分功的对付，即日本专对北而英国专对南，愚为此言，非谓英、日协调已破即可无忧，吾国民所当注意者，外国操纵我国军事之本意，已由从前茫漠的感情作用而变为切实的利害作用，其认识愈亲切则其行动愈可畏，而此后时局之发展，殆将依此种形势为转移，姑为分析以取证于将来，愿我国民对于内战外患日演日剧，有痛切之认识焉。

（原载 1926 年 8 月 8 日，《国闻周报》第三卷第三十期）

祝新年

当吾人执笔草此文字之时，民国十七年之晷刻，已垂其将罄；民国十八年之岁月，方冉冉其将至。及此文在印机轧轧声中，则民国十八年之晨光，已熹微而始吐矣。由此而经过发行之手续以得达于读者眼帘，则已为民国十八年之新岁旦矣。在读者乍接此新年第一号报纸时，其心中或只觉新年之气象，朗然在目，而不悟制作此报，乃在于旧岁之将终。吾人于此，可明二理：一则造因与收果不能同时，后期之所受，必前期之所递遗，此日无所作，则来日将无所有。二则时间之观念，依于有所动作而始表显，设想在洪荒远古之期，未有史纪之时代，大宙运行，非亦犹此日乎，然而獉狉未启之先民，终其生于无为，则时间二字，在彼脑中作何观感，亦非吾人所能想象。且吾人断代为史，在邃古鸿蒙时期，有莫能举其年代者，自是以降，有若干千万年为一纪，有若干百万年为一纪，人事渐繁，制用厚生之道愈复，人类之努力愈勤，变化愈速而愈普遍，降至最近，乃有一年之纪录，足抵昔日之一世纪者，可见时间云云，离却事功，将无意义。近世文明之意义，即在充分利用时间于增进人类福祉，且竞早迟，虽一日亦所必竞，虽一时一分一秒亦所必惜，时日为经，事功为纬，而后织成极丰富之生命，近代人之时间的认识盖如此也。故袖手睨天，玩日愒月者，不得谓之近代人。误认某种之现象，随时代而自然演出，或希望某种之事物，应时代而突然降临，如是者，亦不得谓之近代人。

是以仅由各个人日常生活之琐节言，则十八年之岁旦，将无异于十七年之岁旦，亦无异于十六年以前任何一年之岁旦。然而整个的或集体的人生，则无时无刻不在变换中，亦无时无刻不需要吾人之努力，以排除其陈者、恶者、不适者，而创造其新、其良、其适者。且大地之上，民族不一，国家不一，譬之竞走队中，同场比赛，虽欲雍容，有所不得，何者？时不我待，敌不我待，既已寻丈落后，宁堪一息迁延？如此则十八年之岁月，决不同于十七年，莫谓大地犹是，人亦犹是，须知离却努力，将无以为庆祝；不知前进，又安在见其可欢欣？

新闻纸者，为国家社会纪动纪言之史官，每一年度告一段落，必综合过去以策进未来，此其职也。一年以前之今日，吾人亦尝悬一祈向之鹄的曰："果党国领袖而懔时间之可贵，……社会人士而一德一心，不好高，不骛空，不立异，……敢信不出一年，军事扫除，必告完骏，国家组织，亦有端倪，此非诞慢之夸言，实为可有之希望。"今何幸而吾人之言竟验矣。革命之军事时期竟告结束，与去年今日北伐相持于苏鲁之郊不同；全国之版图已告统一，中央地方之政治体系略已完成，与去年今日之仅有十六省区，而此十六省区又多在变动多故之时不同。全国一致欢呼以迎十八年之元旦，曰是为统一的新中国第一度之元旦，是为吾国家民族生命的挣扎所结果之第一次有意义之元旦，夫高呼欢祝之诚是也。然亦念时间之神，为最不讲感情的，世界唯配住此世界者得住之，时间唯善于把捉善于利用者，乃始呈献其价值。翳我国人，亦尝念高呼欢祝声中，有严重的责任伴于其后乎。

中国今日所需要者，为勤为动，为日进而不已。其所以争存于此变动剧烈之世界者，曰迎头赶上，世界国家之竞胜，其出发点大抵皆有一定之程序，即欲个人充分尽其智慧与努力，必先求社会之繁荣与向上；欲求社会之繁荣，必赖政治之安定；而政治之安定，又寄于其国力民力有深厚之基础，有不被外力所侵之保障，如此连环，乃整套相承者。然在中国，则不能以此等次序相限，盖其情形，譬犹整装出发，赴定期开行之舟车，此舟车者，不为我专设，即不能为我而展迟，如此又岂容甲以待乙，乙又待丙，丙又待丁，终至于互相待而不成行乎？故中国者，无论在国际、在政治、在社会、在个人，皆只有同时并进，不能以谁待谁也。吾人之所见，则以为求全求备，在开创时期为只有妨碍而无利益，其道乃在全国有动员之决心，合众流以奔赴，依于地位性行之不同，而各自靖献于此一时代。不可以个人待社会，不可以社会事业待政治，不可以地方政治待中央，不可以政治待党务，不可以内国待国际，要之向前进一尺，胜于袖手无为，认定目标走一寸，胜于冥坐一室以考案数千里道途之规划，吾人心有所思，应思前进，胸有所念，应念作为。在积极行动之前有需于整理，然当知整理乃所以为积极行动也。在着手实行以前应有规划或设计，然不可徒然中止于设计也。吾人应知当前只有一目标，即为国家民族求生存，为求生存而努力，吾人更应知今日只有一大敌，凡非笑、怀疑、牵制、破坏于一切积极之作为者，皆为吾人之大敌。

　　或者以为中国一二年来政治社会之不进步，坐在于意志之不统一，在于怀抱改造理想者或左倾或右倾而步骤不能齐一，此言诚然矣。然吾人以为左倾与右倾，若在"求生存"之一目的下，即有之亦尽不相妨，盖左有左之理想，即应有左之行动，右有右之见解，即应有右之作为，若只有理想，而无实际，只有嘲骂，而无作为，只有妨碍人、牵制人，而自己不但不作亦且不思作，则左不成其为左，右不成其为右，其结果乃至在权者不暇于进行实际事业，而唯以防止人为急务，失意者或反对者，亦只弹高调，唱异说，工怀疑，唯日不给于怨望咨嗟，鼓动摇惑，而提不出实际对抗之方案，且亦除消极破坏外不能再表现其别有所能，如此则纵令易地以处，将不过方位之变易，而无改于停滞之形式。愚尝论之，世界上何国何地无所谓"稳健"与"急进"之二大派别。然在中国则稳健不成为稳健，急进不足称急进，盖大多数之标榜稳健者，皆稳而不健，其以急进自豪者，又急而不进。稳而不健者，其目的只求安求定，而不悟停滞之结果，必产生不测之变动。急而不进者，只自标慷慨躁急，若一刻不可耐，又若以安步不济事，而必用一蹴寻丈之跳跃，其结果则日日跳跃，始终不离于跳跃之方寸，或且不惜以跳跃自创其足而终且并安步而不能。夫假使真有所谓稳健而急进者，则决不以口舌互争短长，决不自居于惰逸而妨碍他人之进行。然而今之中国，无论在政治界、在学术界、在产业界，在一切社会，大抵皆只有半截之稳健者与急进者，千钧之舟，只余极少数之舵夫，汗流浃背，运重载以前进，而舟中人只有颠簸之，挠阻之，或无端自相哄斗以妨困难之舟行，如此者，安得不时日坐耗，而寸步不能以进乎。

今十八年既开始矣，第二段之竞赛，出发之环境已较从前为佳良，进行之纪录，吾人方弭笔以相待。吾人不愿十八年之报纸，多载洋洋大观之计划，而愿多载实际之成绩；不愿多载范围广阔决议案，而愿多载实行事项之统计；不敢奢望有一夕筑成之罗马，而愿一省一县小范围之进步的记载，不断见于吾人之报纸。当然望建设，尤其望整理，不愿政治与社会显著之破裂，但亦不愿有无聊的消极的牵制与应付。盖十七年之岁月，虚掷于此中者，已不可数计矣。所以馨香祷祝于有望之新年者在此，所以热烈祈望于全国有志士仁人者在此。行健不息，日起有功，国家民族之生命，于是乎有蓬勃之生机。

（原载 1929 年 1 月 1 日，上海《时事新报》）

训政之要义

一年以来，训政训政之声，洋洋乎盈耳矣。依照建国大纲第七条所规定："凡省安全底定之日，则为训政开始之时，而军政停止之日"，此所谓训政开始云者。当然指完全底定之省而言，而非统全国而言。盖当甲省已达安全底定之境界，而乙省或尚有待于障碍之扫除，则在甲省为训政开始而乙省则否。依建国程序，而严格解释之，则广东、广西之入训政期，在北伐出发以前，而江苏、安徽之入训政期，在孙军完全击溃之后。若中华民国之全国入于训政期，则以东三省实行易帜改制之日始。换言之，自中华民国十八年为始，乃始为全国入于训政时期之日也。当此全国实际的训政开始之时，吾人愿一究训政之要义。

今一般对于"训政"二字之解释，至为茫漠而歧异，有以训政二字为党治之代替语者，有以训政开始作革命完成解释者，亦有以训政二字为有如何神秘之威力，一似有此二字，即能平地解除一切之困难，而更不须有其他之努力也者，甚至有以训政二字为点缀承平之吉祥语者，喜其名而不究其实，睹其表面不见其全，则其结果恐将悬幌子而不见工作，守匮椟而遗其蕴藏。夫训之为义通于教，教者对于受教者，诱导启发，增益其所不能与不知，此一义也；示之轨范而使知所趋，勉知所模效，二也。依建国大纲所诏示，所谓训政，盖谓训导人民之政治知识能力，使行使其选举、罢官、创制、复决诸权，换言之，即所谓四权运用之训练。至于第八条所谓调查户口、测量土地、办理警卫、修筑道路之四项，乃政府协助人民筹办自治之具体工作，亦为一切物质建设之先决要件，而非如何训导人民之方法，吾人固不能谓户口调查完毕、土地测量完竣、警卫办理妥善、道路修筑成功以后，而人民之政治意识即可平地提高，其参政能力即可立时增进，盖人民之政治知识有待训导者，乃谓人民不能了解个体对于群体应有如何之义务与权利，以管理切身之事务，而人民之政治能力有待培养者，乃谓人民对于自己之地位认识不真切，不知抵抗因袭之习惯与制度，以及过去恶政治所留遗之特殊势力，而运用其自身之能力以保持其应有之权利，然此等事项，必如何训导之乃克达训政之目的，且训导之方法如何，从何处着手，则以建国大纲之主旨，仅示简单之纲要，未为详尽之规定，统主义方略而寻绎之，知必有缓急先后之步骤也。

关于四权运用之训练，论者以为在训政时期，党为领导民众者，则最好之方法，莫如以宪政时期人民所应行使之政权，由党部代表民众行使之，仿佛直接示范，俾其得有观摩，此其说亦非绝对不可通，但吾人有不能无疑者，中国大多数人民之无行使直接民权之能力者，为仅仅不了解如何行使之方法乎，抑亦以生活困苦而致无过问政治之余暇，经济地位不能独立而易受特殊势力之牵制，智识低下而甘于放弃应有之权利，亦且因过去帖伏于独裁政治与宗法社会之故而昧于群己之权义，不习团体之生活也。果澈底一为考查中国社会之实际，则必恍然于训政云云，于直接示范之外，必有更急更要之先决事项，应待努力。盖所谓训练之对象，若根本无领受训练之能力与兴味，则训练将无所于施，即施焉亦属徒然也。

唯此之故，吾人以为"训政"二字决非简易之工作，亦非谓训政时期之政治所以异于宪政时期者，在乎党与政府之得以便宜行事。训政时期之政府，在其政治组织与国家机关应有之职分上言，将无以大异于其他时期之政府，唯其任务特别繁重，责任则特别重大。对于人民智识之低下，应努力普及教育，使有领受训练之基本；对于过去不良之制度习惯与因袭的特殊势力侵夺民权之弊害，应以政治力量为之裁制；而基本之基本，则尤在培养一般人民遵守法纪爱重秩序之意识，痛革其散漫因循放弃权利放弃义务之恶习，此则非政府自身努力完成一切之法制，且严格遵守既定之法制以为直接之示范不可。训政也者，非仅赖宣传主义、讲述革命方略所能有济，譬犹对于大病初愈之人，欲进以滋养之剂，则必先使病者有消纳滋养之能力，不然所谓四权运用之训练，窃恐将无从着手也。

（原载 1929 年 1 月 10 日，上海《时事新报》）

电讯权收回之嚆矢

　　国府建设委员会国际无线电台，本日以自造电机正式与菲律宾通报，此我国自设电报机关与海外直接通报之嚆矢，在我国交通史上，可留一不磨之纪念。而国民革命以后新中国建设之精神，亦将藉此以表见于世界，值得吾人之注意者也。

　　去年粤飞机长途飞行过沪时，愚尝著论，以为近代科学文明之产物，于人类福祉上效益最宏者，厥为飞行机与无线电，国家而不能充分利用此二大利器者，将无以并列于近世国家之林。革命后之新中国，于军事甫竣，百端待理之际，诸般建设，自非一蹴可几；然于奖进航空、规划无线电事业之发展，则既有相当之努力，宜益以毅进之精神，必以科学的与非科学的为划开新旧时期之标准，始为期求国际平等之最实际的努力，果全国之精神力量胥集注于此点，则国事将大有可为。今建委会之国际无线电通报，竟能于短期间内实现之，吾人他固勿论，设想旅菲侨胞或其他海外侨胞接得来自本国自设电报机关所发来之电讯，对于祖国之渐趋进步，其感奋兴起将为何如耶。

　　夫以民族譬之于自然人，则国防与军备，为民族之双臂，智识与文化，为民族之神经，航业为民族之足，而电报事业，则不仅司民族之耳目，亦兼司民族之喉舌者也。我国电政，历来因军阀战乱之摧残，与本身进展之迟缓，致外国电报机关，乘间兴起以补需要之不足。本国南北商埠间之商报，且有因通电地点或他种阻碍，而假手于外国电局者，国际通电则更非乞灵于英、丹、美、法诸国所经营之电线不可，不仅金钱外溢，每年至七八百万之巨；而以四万万人口之民族，立于今日之世界，不仅不能自有其耳目，且不能自有其口，独立国家之要素，所余几何？在如此状况之下，遇有意志之待宣、事实之待白，殊不能自必出之于本国之喉舌者，能否得达于世界之耳目？自五卅事件以来，此种痛苦，吾国民盖尝之稔矣。建委会此次自造之电台，虽仅为一千华达之电力，与其计划中所建造之两大电台，以一具直接与美洲之桑港通报；以一具与欧洲之德国通报者，发电能率相悬尚巨，然以我国收回国际通信权之急要，而此两大电台之构筑装置，尚需一年之时日，则先以电力较小之电台，与距离较近之菲律滨通报，一切公私商电，可由菲岛转达于世界各大部市，已不啻喉舌被扼之绳索，一旦解除，达情通话之官能，重行恢复，于增进中外关系之密接，宜为世界以平等待我之国家所欢迎。而交通障碍之解放，又于国家独立之始基有重大之意义矣。

于此而外，尚有欲提示于吾国人者，今日之中国，其最大急务，一曰解除国际上之不平等，二曰努力国内之建设。然国际平等，必以不弱于人之成绩示世界，而后平等之实际可期。此次建委会与菲通报之电台，由中国之工师建造之，由中国之专家管理之，事前试验，菲岛无线电台组公司认为满意，始订交换通报之办法，此其至少限度之意义，即足以明示世界以中国人经营近代新事业之能力，不亚于他人。果事事物物皆能如此，不仅世界对我之观感将为一变，而实际上百事真有力自营，何待他人之越俎，己身已足以植立，何患他人之不让，此一义也。居今日之中国而言，建设、经济、人才、资料、环境各方面，皆有不能一蹴而几者，谓将因噎废食，决非新邦所宜尔，然仅望洋兴叹，则将一事不能就，故唯一可行之法，亦唯先举其轻易可行者，而同时仍不中辍其规模较大而较久远者，例如交通，一方面进行建造铁路，但同时即可以先着手筑成公路，有简单之成绩，终胜于无，早一日可应用，应勿放弃，正犹建委会以电力较小之电台先由菲岛以间接通电于世界，正于碍于一年以后大电台筑成后直接与美、德通电，而公众固已多受一年之便利矣。一切建设，皆愿作如是观，此又一义也。

近来国人对于国家之前途，大抵焦劳期待之情绪多，而可资慰藉奋发之资料少，故于国际通电之第一日，为言建设之要义如此，愿建委会不懈益奋，无负国际与本国之期待；尤愿国人对于近代中国之兴起，有坚强之自信，一致努力于向上前进，俾国家之建设事业之成绩，日多一日；国家平等自由之障碍，日少一日，吾人弨笔以俟之矣。

（原载 1929 年 1 月 14 日，上海《时事新报》）

节缩与克制

中委戴季陶氏日前在中央及国府纪念周报告编遣会议经过，谓民国十八年为最重大、最困难之一年，人人应小心谨慎，凡事采取收编节制办法，不可放手做扩张之事。盖十七年来，狂风暴雨，今始告一段落，全国国民与整个社会，皆经甚大之痛苦，现出全社会之大疲乏。譬如人经大工作或大病之后，亟须休养；又如经济大发展或大恐慌后，政府与事业当局，唯有采收缩之一法，方可以谋第二步之发展与救济。编遣会议即根据此原则而开会，对过去加以整理，而现在采取节制，如此建设力量方能发生，国家社会之新基础方能确立。戴氏近来言论，其中心主旨，侧重于唤起一般人严切之责任的自觉，此又其一例矣。

恒人之情，易为客气所乘，所谓客气，非必暴戾矜张之谓，乃谓狃于表面之现象，易为意气所役使，或因急功、或因竞名、或因动于悲悯之怀，汲汲焉唯恐时不我与，遂乃忽略于内部之检查，结果知进而不知止，知前瞻而不知回顾，见刹那而不见百年，重局部而忽视全体，于此之时，正如奔马怒驰，不可控御；又如酒酣耳热，激情高张，凡如此者，在私人之行动，且易因过度兴奋，而造后来悔改之数据；在团体之生活，又必以缺乏节制，以召崩竭之危机。殊如一个国家或民族当机运大转变之时期，百事多在变动不居之状态，弥望皆为新奇待辟之前途，一切事业功名之机会，较之前期之停滞时代，特为丰富，环境之影响于时代心理者，不期然而使一般人皆从恢宏扩张上着想，于此之时，有指导社会之责者，不难于鼓吹人人而使之动，而难于指示人人以立定脚跟而后动。是则戴氏之言，真我全国上下所应引为逆耳之忠言者也。

愚于评论戴氏之言，而先之以客气之诠释，阅者或讶为渺不相关，实则由中国之情状澈底以思，知稍有国家观念者，必人人有急起直追之想，故戴氏所提倡之节约收缩云者，决非鼓吹保守或停顿，国民革命经如许之牺牲而始获得今日之结果，各种反时代之狂潮，正在荡漾此艰难前进之扁舟，使之不能支拒而后退，稍有人心，岂谓宜主张保守以自隳前功。唯所谓急起直追云者，应先将整个之国家与社会，置于极健全之基础以上，譬如竞技，倘喘息未定而继续作猛烈之动作者，至危之道也。又如行军，若队伍未整，而传令为兼程之行进者，必不能达预期之目的者也。吾人日常之行路，包含立定、举步、向前之三种动作，第一段之立定，即后一段举步之预备动作，吾人固不得谓立定状态为非行路所必须，然而浅率者浮面之观察，固不能即悟此理也。戴氏以今年之局面比之于经济大开展大恐慌之后，或个人当大工作或大病之后，然凡经济界之能当大起伏之时代而预见恐慌之将至，即刻警戒以谋收缩者，此其人必澄心静虑，灼知事态之真，且对于所营之企业，极负责任者也。若在不负责任者，则有快意当前，放手做去而已。又只个人当大病之后，亟须休养，亦必其人对于自己之病况与可能之危险，有极深之认识，而后始能服从医者之命令，暂时停止活动；若在牛性急躁者，则不顾身体，不听医者的静养劝告矣。由此可知节制收缩之本义，在积蓄力量以为他日开展之用，而非遏绝开展；在整理检束以准备有效之扩张，而非反对扩张，然而当变动发皇之时，处快意当前之境，微独功名心、利欲心之种种外诱，易于迷惑吾人之本性，即纯粹出于为公之目的，亦往往有蒿目世事而感急不能待者。好作为、好施设、好表现、好创制，此皆变动期必有之心理现象，未可厚非亦不必非难，但能痛切检点于过去、现在之实际状况，估计此时期中国家民族所能担承之力量，深知此日之一动一静，息息有关于后期之荣枯成败；则责任之念，油然而生，一切客气，自然冰解，虽欲不节约收缩以培养国力民力，有所不可得矣。

今日之国家为亟须安定之国家，今日之民生为亟待休养生息之民生，此义为负责当局所熟知，亦一切有识所同认，而真切信奉国民革命为救国救民而发者，对此亦当然无异辞，但实际上承国事大改革之余，各级社会之升沉下上，变动甚多，功名之士，谁不欲自见于此千载一时之机会，下之为禄位稻粱或所识穷乏安顿之地者，亦唯恐新辟事业之不加广，新设机关之不加多。又适当国府以提倡建设相号召，此附迎合，或有不暇顾及民间凋敝枯竭之状况，此社会亟待宁定休息之意义者。是以吾人于此，认为收编与节制，应自政治上之最高机关树之风声，甚愿全国上下、戒慎克制、力谋节约，少设不急要之机关，少颁不急要之计划，少作不急要之更张，抑竞幸之风，蓄建设之风，与大疲乏后之社会，以相当之休养时间，此日之所蓄，即他日之所盈，盖积极而非消极者也。

（原载 1929 年 1 月 31 日，上海《时事新报》）

再论完成真正统一

中国之人民常以历史最古之统一国家自豪。在昔日军阀窃据之时代，外人对于中国每一次有权利回收之要求时，辄以中国未臻统一为理由而恣为留难，然而中国这国民必忿然作色曰，中国所患，特政权因军阀窃据，失其根本之寄托以呈分割之现象耳。若论中国人民，则甲省与乙省间，又何尝有几微之隔阂，风尚、礼教、文字又安在有几微之不统一耶？此语之牵强而缺乏理由，正与外人之以我国不统一为把持劫夺之口实者不相上下。盖所贵乎国家之统一者，本不仅在各地风尚、习惯等等之绝对一致，而在乎合全国所有区域与民族之力量，以集成一个坚强整一的国家力量，而表现之以统一之政制与政权，故文字、风尚、礼教等等文化之统一为足以造成统一国家之主要因素，而非此等种种节为统一之本身。世界上尽有合多种历史文化不相同之民族以构成一个国家而无碍其为统一之国家者，史例固数见不鲜，即在最近民族自决之原则昌明以后，亦仍不乏其例，故所谓统一之解释，不准其名而唯其实，在其体而尤在其用也。

世人之错觉，每以罕有者为值得薪求，而相沿者则习焉不觉其可贵。中国国民因历史上屡次经长期之统一，对于统一之真际与价值，遂漫焉不复能省察。犹之数传之家宝，在其后嗣子孙之目光中以为此本吾家之长物，至多能举其名而已。而在另一方面，则以中国数千年历史中所受外族之凌侮不深，除数个时期受文化较低之民族侵入而卒被融合于固有之中国文化以外，从未与文化程度相同或较优之民族相接触，因此生不得真正之合同团结心，亦不能感受不统一之痛苦，加以地域辽阔，交通方法幼稚，对于国家之观念犹极茫漠，更无论乎国家处竞争剧烈之国际团体中所以自存之道，此中国民族向来对于统一，所以只知其名而不能举其实也。最近百余年，始与世界相接触，感削地丧权之苦痛，然因异民族统治之故，而此统治之异族，又适当专横失政之际，则最自然之抵抗当然出于推翻异族统治阶级之方式，而意大利式与德意志式之统一自强的运动，遂无发生之机会，且亦似无发生之必要。因此之故，满清既倒以后，依然生不出合同一致之国家的力量，而转以军阀窃权，召分崩扰乱之局，帝国主义者既惕然于中国民族之复兴，又适当殖民地政策成熟之际，遂以用于非洲、印度之"分而治之"之手段，活用之以造成中国之内乱，以耗竭中国之元气。中国国民虽漫然呼号于统一之必要，而实际上虽知识阶级亦不能理解不统一之为害究竟至何程度，又以所受于经济侵略之结果，新兴之产业不能与经济状况相应，多数之有知识而无恒业者，最简易之生活之道，唯在于非法的掠取而不在于正常之生产。夫掠取则当然以分割为最适便之环境也。此等寄生阶级既利于分割而不利于统一，大多数之平民虽受痛苦而无表达正当意思之能力，一般流行之国民心理又不能真切体悟统一之真价值，由此之故，难以国民革命奏军事上莫大之成功，为数百年来唯一难得之机会，而亦不能循自然之目的以达成国家名实表里之统一，盖植根之深，已非一朝一夕之故也。

中国国民在何种时期最为痛感于统一与团结之必要乎，曰唯在外侮最烈之时期。然亦不过在受侮最烈之时暂时感觉之而已，一旦外侮稍弛，或历时稍久，则此种感觉即随之而松懈。吾人由今日回溯去年五三济南惨案发生当时之一般国论，其希望全国有统一之政权、有统一之军力、有统一之指挥与组织者，情感之热烈，较之今日如何乎？此又更可以应用吾本文第一段所学之方式，所谓现有者不知其可宝。盖大家均以为军阀既除，则统一已为吾所固有矣，而不知各地方在军阀时代沿袭下来之惰力，正在继续发挥其作用，一般不利于统一之各种恶势力，正在出其最后之死力，冀在分割之局面下遂其生存。于此之时，若大家以形式的统一已经完成之故而忽视于非真正统一不能造成国家力量之意义，仅凭各人所有对于整理国事之见解与热诚，以为分道扬镳，亦何尝不可会合于一点。如此则吾敢断言，国民生活上暂时所受于不统一之痛苦犹小，而国家所受之损害实大，何者？革命后之外交关系，有因风推舟之对我逊让者，有阴伺短长之恶意破坏者；前者之所为，亦谓我国能自此生出统一之力量，则势将不可侮，故以暂时结欢为宜，其或我有统一之时机而不能运用，则璧马在虞，犹外府耳，易于许者亦易于夺。后者之所为，则为一改昔日在军阀时代捭阖操纵之术略而为我从旁淆乱以促我国力之分，故其毒计为"分而扰之"，而后彼乃得乘我之敝以为利。无论从何种方面观察，中国若轻易失却此一大可有为之时机，则此后再欲相聚以为复兴之谋，将不可再得。夫国民革命之目的为何，非欲解除人民所受于帝国主义与军阀之痛苦乎？军阀之足论矣，欲抗除帝国主义之压迫，舍能忍能恕，能为国家利益而捐弃而牺牲，以造成坚固不倾之真正的统一，将安适归。

（原载 1929 年 3 月 12 日，上海《时事新报》）

国人对战事应有之认识

句日以来，举国人民所最关心之问题，无过于前方之军讯。夫当国家甫有统一之机，革命以后之新秩序方在建立之际，全国之工商百业方在整理以谋复兴之会，而突有称兵抗命之徒，起与国家之统一与和平为敌，是安得不引起举国人民之惶惑。在中央未决定以武力裁制以前，固无人不望以政治手段戢骄悍之风而纳之于正轨，及形势判明，中央既决定以武力济法令之穷，则又无人不望战事之速了与战区之缩小，此人情之当然，亦举国一致之期向也。虽然，记者之愚，窃以为吾人所当注目者，不应局于有形之迹象，而当求之于积渐之原因，不仅在战事推移之状况，而尤当着眼于战争原因之根绝，国家多故，顿阻频乘，民生之不幸，至于吾国而极矣。及兹不策永久之治安，应知栋折榱崩之下，无吾同胞幸全之理也，心所谓危，辄贡所见。

所谓不应局于有形之迹象而当求其积渐之原因者何谓乎？自国民革命军奠定全国以来，人民承十余年来军阀政治下之痛苦，殆莫不以急求休养之心，作苟安一时之念。故一方面则欣幸于统一之完成，而同时实不愿再纳如何之代价以求确立统一之基础。又在过去军阀窃国之时，一般人之心目中初不希望窃据者之强固有力以为害于人民，而无宁以强枝弱干之现象为足以促军阀政治之速倒，灭人民直接之痛苦，此种变态之心理，造成谬误之观念。至于革命军既统一全国之后而犹绝少变更，然同时承频年破坏之余，当疲极思苏之际，所以要求于国权之运用以解救人民实际之痛苦者，则又为人情之当然。于此之时，当中央政治之冲者，一方面则因人民尚未能真切察知统一之需要，而不能变更离心力之惰性于俄顷，同时即军政、民政、财政皆呈分割离析之象，虽欲从事于建设与整理，而事实上乃无力以举此重任，将欲泄沓以终古欤，则革命建国的使命之为何？其欲痛快以求速效欤，则又为呻吟痛苦中之民情所勿许。在此矛盾现象之中，遂成却曲因循之象，一年以来所谓分治合作，所谓相忍一时，识者固早知其非可久之办法，而常情或便其苟且粉饰于一时；由是政客、官僚涂附于地方有力者之近旁，支配之欲，苗长于地方有力者之心坎，而人民局部整理之希望，又适便于强藩割据之野心，事实所趋，遂乃一演再演，以造成中央政府有名无实、有责无力之现象，遑论军政不能统一也，即外交亦省自为谋而不相关白；遑论税收之擅自征取也，即欲求收支之册报以期会计上之统一而亦不可得。夫人世权利之欲，非有纲纪法令一切公共裁制之力以为限制，则当其发展至某一限度时，必复突破限界以逞其凌驾与侵略，此盖自然律例之一种，而在此支配下之人物，遂乃甘冒不韪于不自觉，此其积渐而成，自非一朝一夕之故，而吾同胞仅以一时直觉之判断，惋惜于此等人物过去革命之功勋，或以不能始终保全为中央病者，静言思之，应亦有废然自返者矣。

事实形成，既至于此，则吾人除认识此战为万无能免之役，亦为中国由分崩离析渡到统一境界之必不可少之代价而外，应无再持异议之余地。愚所为不惮喋喋于言者，诚以今日而言兵革，凡为国人，鲜不视为一种之不幸，而在负责建国之国民党，尤当以哀矜勿喜之心，负缩短战祸之责。然使国人而只认为一种之不幸，曾不就其真正之意义上一为推敲，甚至中于外人之宣传，视为局部势力之消长，则虽战事有迅捷之胜利，而政治上之所能收获于此次之牺牲者，仍极有限，国命几何，不进则退，殊不能不为全国同胞痛切言之矣。

古语有云："新沐者必弹冠，新浴者必振衣。"弹冠振衣，所以必于新沐新浴之后者，非谓不沐不浴之时不必有弹冠振衣之工作，乃谓既沐既浴之后，更不应怠此一拂拭之劳，否则新尘垢之堆集于旧尘垢之上者，终必至于不胜其拂拭也。推此义而广之，则国家当大改革之后，欲期旧染污俗，咸与维新，亦非及时振刷，使旧时代之不良制度与不良观念，无由缘附而起不可。诚以人世一切不良之制度，决无一旦凭空而降者，而凡字典上所有人类之罪恶与错误，均为人类之所得而犯，吾人回想万恶的军阀制度之所由形成，亦莫非辛亥革命而后，人民习于苟安，涓涓不塞，终于溃决而为横流耳。国民革命之起也，其最为痛苦民众所欢迎者，在推倒军阀。而迄今为止实际可见之功绩，亦唯打倒军阀为最著，以数十万伤亡将士之牺牲，数千里战区之残敌，仅乃使分崩离析之中国，自军阀割据之手中复归于统一而有着手建设之机会，其代价不可谓不巨矣。以如此巨大代价所换得之机会，而少数不知自爱之军人，乃于成功之后，忘其昔日所以革命之故；一般人民，忘其昔日所以忍受革命痛苦之故；使旧时不良制度之萌蘖，得以趁隙滋长，再造此后十年、二十年分割离乱之因，则凡稍有国家观念与稍明事理者，其不能不以忍痛一割为当然，固不言自明之理也。

夫既曰忍痛一割矣，此一割之为必要，宁待深论。然而战事既起，国家之民力、财力与地方所受之创残，无论多少，要不能谓为绝无，则吾人所当致力者，唯在黾勉以求此一战役为国家达到统一过程中最后之一役。换言之，既为统一而战，应求此战以后再无统一障碍；既为遏绝军阀萌芽而战，应使此战以后，再无军阀制度发生之可能。

欲使军阀制度根株斩绝，当检查革命以前军阀所以形成之阶级，过去军阀制度之所由形形成。其大原因固由于中国物质环境之特殊，与人民能力之低下，然而战事之频仍，与攀依缘附之政客官僚，不惜以私人利益，牺牲国家与人民之利益，结果遂至利于国家之分而不利于国家之合，则亦显著之原因也。吾人夙昔论事，不主绝对唯心之论，然鉴于建国过程之艰难，窃叹人心之振拔，实为开国气象之一重要的因素，若革命不先革心，则领袖级少数人所艰苦主持，任何神圣的工作，寝假得因参加其事者无纯洁正当之认识，以变换其价值。吾人之意，常觉建国之障碍，不专在于有形之困难，而往往寄于流行之心理，中国过去百年以来承功利主义之余毒，民无慷慨赴义之心，士鲜缒壹报国之念。他人国家所视为普通之义务者，在中国几莫不以市道出之，一切言行，不问其应为不应为，常问其值得不值得，苟有牺牲，必求交换，稍不如意，拂戾随之，权利之欲大张，义务之念日减，流毒所暨。遂使革命成功以后，封建余焰，犹能为祟于革命队伍中之军人，而劳国家武力之裁判。此无他，不纯之观念，其植根也较久；而主义的熏陶，其为效也遂寡。揆彼之意，何尝不知割据陵轹之非，亦以为过去勋勤，宜有酬偿，革命为出生入死之工作，不能徒劳而无所得耳。天下一切之现象，苟静以求之，必能发见其造成之总因，则吾人欲以惩前毖后之图，为一劳永逸之计，亦唯有昌明义务之观念，力矫过去之错误。吾人所欲为痛苦民众与垂危的国家祷祀以祈者：一则希望国内明义之军人，应以纯洁之动机，弼成国家之统一，万勿于此"不得已"之战役中，而希冀有如何实际的利得。二则希望一般人士，认识此役意义之严正，乃为国家争生死存亡，而非为任何个人造功名利禄之机会。苟使人人咸明此义，则中央主持武力裁制之苦心，终必达到真正统一之目的。而人民在战役中之牺牲，亦自然泯忘其痛苦矣。

（原载 1929 年 4 月 4、5 日，上海《时事新报》）

创造与占有

英国哲人罗素尝别人类之欲望为创造与占有二种，而谓发挥创造欲与减少占有欲为足以促进世界之文明。此语之意义，胡汉民氏于论列党政时，常常称引之。最近胡氏在首都演讲对武汉事件同志应有之反省，亦谓他人国家之国民创造力丰富，故社会国家有进步，我国知识阶级，只求支配占有，故一切落后。支配占有欲发达之人，虽刻刻求有于我，而终于失其本根。故今后吾人应注重党德，知有义务而不知有权利，应将义务提得高，尽得澈，人人看重现有的地位与职务，专一心志，努力克尽其义务，更不计得失毁誉云云。胡氏演讲之词，电传或有脱略，然即此数语，已足为今后拨乱致治不易之方针，吾人所见，以为不仅为党员说法已也。

国事不定之主因，属于民族精神方面者，厥为功利主义之影响入人太深，以致卑下者营营于利禄，高明者逐逐于功名，一切皆以个人本位为出发点，而实则为个人谋亦不忠，盖大家唯求以个人占有一切，支配一切，而忘却自己个人以外，尚有其他无数无数之个人所构成之国家与社会，而离却此国家社会之群体时，则个人将一无意义。又其讲占有与支配，亦非能如功利主义下之尽一分力得一分报酬，人人皆存非分而得之幸想，及其得之，则又不知得之以后将如何，故言占有，充其量直将占尽人世间一切之所有而后快；言支配，则欲尽世间之所有人物事象一切皆供其支配而后快。无所谓是非，凡我之所得而参加与分有者皆为是，反之则非；凡在我之支配下者虽明知其事非是亦是之，其或不满个人支配之欲者则虽明知其事之不得已亦非之，大家皆有所求无所作，求之既得则扩张其所求，求之不得，则怨望而破坏；求也者，无厌者也，无厌故时时不满，刻刻不平，而且此等现象成为风气时，我有求，即人亦有求，人人竞相求，而可以供诛求之物有限制，在中国物质经济均成为破落之国家，可以供诛求之物质更有天然之限制，于是遂演成凡有求者必有所不满，而或则牢骚怨望，或则行险徼幸，国内嚣嚣扰扰之现象，遂为建国声中之大障碍矣。

抑物质的利得之要求，犹为占有欲扩张中之最卑劣者也。于此以外，则更有地位功名等等之要求，功必自我成而后始为功，名必自我享而后始为名，其或不然，虽其事为千该万该，事成以后而我亦蒙其利者，非以全力破坏而反对之不可也；虽我处其境而亦必如此之者，然亦必以种种之方法攻击而非难之，宁于攘得以后，所作所为依然遵此原则，然自我为之则即视为天经地义也，凡今世之种种怨诽愤慨破坏反动，无论居何地位，用何美名，露骨言之，皆凡我之所不能占有者，即我得而破坏之是已。

夫创造者，有能力嗜好趋向之不同者也；而占有者，则必无间地位、无间智愚强弱而向同一方向以求得其物而占有之者也。创造可分途发展，各尽其能；占有则必尽世界所有之人并集于极狭窄之一途而相竞以后先。且仅仅占有而不创造，人世间一切之事物现象，均有天然之限制，势又不能满人人之欲望而任其各取所需。是以今日之日，欲求定乱解纷，集中一切之力量以建此广大之国家者，舍卑视占有，重视创造；卑视权利，重视义务；少所要求，多所靖献，无他道矣。

（原载 1929 年 4 月 16 日，上海《时事新报》）

十一月十一日杂记

——民国三十七年十一月十一日

人生总有一死，死有重于泰山，有轻于鸿毛。

倘使我是在抗战中因工作关系（如某年之七月六日以及在长江舟中）被敌机扫射轰炸而遭难，虽不能是重于泰山，也还有些价值。

倘使我是因工作实在紧张，积劳成疾而死，也还值得人一些些可惜。而今我是为了脑力实在使用得太疲劳了，思虑一些些也不能用。考虑一个问题时，终觉得头绪纷繁，无从入手。而且拖延疲怠，日复一日，把急要的问题，应该早些提出方案之文件（如战时体制），一天天拖延下去，着急尽管着急，而一些不能主动，不但怕见统帅，甚且怕开会，自己拿不出一些些主意，可以说我的脑筋已油尽灯枯了。为了这一些苦恼，又想到国家已进入非常时期，像我这样，虚生人间何用，由此一念而萌自弃之心，虽曰不谓为临难苟免，何可得乎？

所以我的死，在我自身是不胜痛苦焦忧（所忧者是自身委实已不能工作，而他人或尚以我有一些用处，这将要误事的。我之所忧，并不在大局，中华民族有正义的力量，只须大家团结，大局不足忧也）而死，但在一般的意义上，是一种极不可恕之罪恶。

天下最大之罪恶，孰有过于"自暴自弃而自了"者，对国家、对家庭都是不负责任的行为，我此举万万不可为训，我觉得任何人都可以鄙视我、责备我。

但我这一个念头萌动了不知多少次了，每逢心里痛苦时，常常有"终结我的生命吧"的念头来袭余之心，此在三十一年、三十二年、三十四年乏春之夏，均有类似的情形，业已作了种种准备，终因健康稍稍好转而免。

人生到了不能工作、不能用思虑，则生命便失其意义，没有意义的生命，留之何用。

现在我真是衰老疲惫、思虑枯涩钝滞到了极点了，就是一部机器、用了二十年以上，也要归于废旧的，何况有形的身体。

最近常想国家是进入非常时期了，我辈应该拿出抗战的精神来挽回困难，但是我自问身心较十一年前大不相同，即是共事的同事们，其分心经济，精神颓散，不免影响工作，要像当年的振奋耐劳，亦不可得，而客观形势的要求，十倍艰难，也十倍复杂于当时，然则如我者，将何以自处。

某日与立夫（又常为芷町或惟果）言，要使我能定心工作，必须（一）使我有好身体，（二）领袖对我只有几多分量能挑起来有大体的认识，而勿高估我精力，和抗战时候一样，（三）如何作最大之努力，有一个准备，然后我这一颗心，才定得下来。

但是看样子我的身体是无法好起来的，我此心永远在痛苦忧念之中。

四弟告诉我，百事要看得"浑"些，我知其意而做不到。

八弟告诉我："一切一切自有主管，又不是你一个人着急所能济事的。"又说："你何必把你责任范围以外的事，也要去分心思虑着急。"这话有至理，然我不能控制我的脑筋。

家人尝劝我："你这样的衰弱情形，应该让领袖知道你已不堪再供驱策了。"这也是不错，但我何能在这个时候，琐琐地去絮烦领袖呢？

想来想去，毫无出路，觉得自身的处境与能力太不相应了，自身的个性缺点，与自己之所以许身自处者。

六十老人得此极不荣誉之下场，只有罪愆，别无可说。

我只有一句话奉劝各好友与同志，乘少壮时精力旺盛时，速为国家、为人民加紧作最大的奋斗，莫待"老大徒伤悲"。